ゴム銃大図鑑

THE ENCYCLOPEDIA OF RUBBER BAND

日本ゴム銃射撃協会
Japan Rubber Band Gun Shooting Association

中村光児
Koji Nakamura

社会評論社

● はじめに ●

　この度はゴム銃大図鑑をお求め頂き、誠に有り難うございました。本書は近年急速に進化を遂げてきたゴム銃を日本全国から集めて編纂した、初めてのゴム銃の図鑑です。図鑑と銘打ってはおりますが、学術的な研究が進んでいない分野であり、監修者の独自研究の域を出ていない事をご承知おきください。お子様方には大人達の作るゴム銃のすばらしさを知って頂き、大人の方々には幼い頃に昆虫や乗り物の図鑑、写真集に見入った時のときめきを思い起こして頂ければと考えております。

　伸縮性に富んだ輪ゴムを飛ばすのは実に簡単です。だれでもやったことがあるように特別な道具を使わなくても指だけで飛ばせます。引っぱった輪ゴムをどちらか一方で放すだけなのですから簡単なわけです。あまりにもポピュラーで、ゴム銃の代名詞ともいえる割り箸でのゴム銃も慣れれば数分で作れてしまう輪ゴム発射装置です。しかし、この簡単な装置は思わぬ奥行きをもっているのです。単発銃でも命中精度を高めようとすると、歪みのない銃身や安定して構えられるグリップなどの基本構造と、毎回均一なポジションでリリースできる発射機関などが必要になります。それらを追究し始めると様々な要素ややり方がある事に気付きます。連発銃やマシンガンともなるとその基本構造やバリエーションは膨大に広がってゆきます。

　これらの要素を自分の技量や持っている道具、手に入る材料で形にして行くのがゴム銃作りの楽しさです。この楽しさの虜になった人々の作品が一堂に会しているのが本書です。

　掲載したのは、日本ゴム銃射撃協会の会員約40名の作品です。住まいも職業も年齢もまちまちですが、いずれもものづくりが好きで遊び心が旺盛な人達です。そしてゴム銃作りを生業にしていないことが共通しています。是非にと乞われたり、イベント会場や自分のサイトで販売している場合もありますが、基本的に趣味の範疇で作られたものばかりです。子や孫のおもちゃとして手軽に作ったものから、様々な分野のプロフェッショナルがその技術やノウハウを注ぎ込んだ芸術的な作品まで、現代日本を代表するゴム銃の数々をご堪能頂ければ幸甚です。

ゴム銃大図鑑
THE ENCYCLOPEDIA OF RUBBER BAND GUNS

❶ **単発銃** SINGLE LAUNCHING GUN — **P007** 127 GUNS

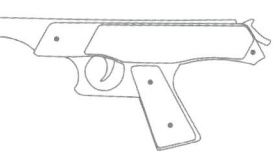

❷ **連発銃** CONTINUOUS LAUNCHING GUN — **P085** 82 GUNS

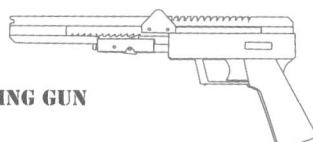

❸ **散弾銃** SHOTGUN — **P133** 6 GUNS

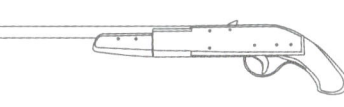

❹ **機関銃** MACHINE GUN — **P145** 31 GUNS

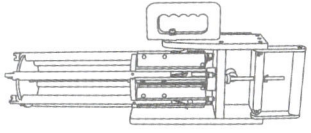

- はじめに　　　　　　　　P002
- 目次　　　　　　　　　　P003
- 掲載の順番について　　　P004
- 作品の分類について　　　P005
- ゴム銃の各部の名称　　　P006
- ゴム銃用語辞典　　　　　P188
- あとがき　　　　　　　　P191

コラム COLUMN
- 片掛けの発見　　　　　　P084
- 横掛けの平掛け　　　　　P132
- 輪ゴム選びは自己満足？　P144

掲載の順番について

本書に掲載した約250挺のゴム銃はいずれも様々な工夫が凝らされたものです。仕組みや素材もまちまちで、それぞれの作者のアイデアや技量によって個性的に仕上がっています。少々大げさに言えば、世界に一つしか存在しないオリジナル作品ばかりなのです。それでもある程度の共通点を見い出す事ができ、それを分類の基準にしています。まず単発、連発、散弾銃、機関銃といった基本機能を大分類としました。

- 単発銃【第1章】
- 連発銃【第2章】
- 散弾銃【第3章】
- 機関銃【第4章】

この大雑把な分類の中で更に発射の機構による分類を試みています。瞬間解放、強制滑射などがそれです。複数の機構を併せ持っていたり、切り換えが出来る場合など二つ以上の分類に股がったり、中間的だったりするものはそのモデルの代表的な機能を優先するか、より高度な機能を代表として採用しています。

同じ分類の中での順番は、あまり厳格ではありませんが概ね古いものから新しいものへ、簡素なものから複雑なものへと並べています。ただ同じ作者の作品で連続性を感じさせるものは、他の作者の作品との製造年に前後が生じても連続させてある場合があります。また逆に作者が別人でもどちらかの影響を受けていたり相互に影響し合ったり、偶然の一致で似通った特徴を持つものを近くに配置しています。この配置により同じ分類の中における進化の過程をある程度見て頂けるのではないかと考えています。

発射方式、回転翼式の連発銃における回転翼の形状等を分類の要素に用いていますが、いずれも便宜的なもので発射方式の優劣、作品の新旧の序列とは関係がありません。

作品の提供者が全て日本ゴム銃射撃協会の会員という事で、日本ゴム銃射撃協会公式競技で多用される単発銃の掲載が半数を占めます。敢えてこの分類の作品を多く収録しているのは、競技で競う事による著しい発達、多くのアイデア、工夫の痕跡がそれぞれの作品に刻み込まれているからに他なりません。自らが選手である作者諸氏が頭脳と技術の粋を凝らした結果が発射方式や形状を収斂しつつあるにも関わらず、各人の拘りや好みが個性として作品に現れています。連発銃、散弾銃や機関銃においては大人達のユニークな着想や大いなる遊び心にご注目ください。

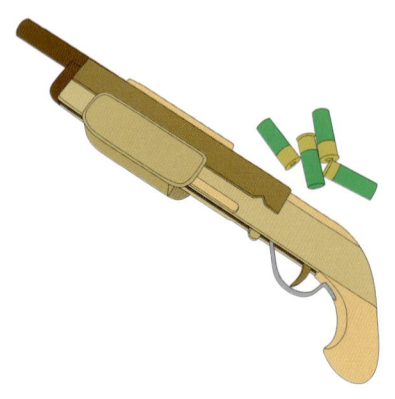

作品の分類について

「掲載の順番について」でも多少触れましたが、本書では作品を掲載するにあたって装弾数や発射方式で以下のように分類してあります。

● 単発銃
・傾斜滑射式
・強制滑射式（固定リリーサ型／可動リリーサ型）
・瞬間解放式
・圧力解放式

● 連発銃
・傾斜滑射式
・強制滑射式（固定リリーサ型／可動リリーサ型）
・瞬間解放式
・回転翼式（二枚翼／三角翼／巴型／四角翼／十字翼／星形）

● 散弾銃

● 機関銃

連発銃は引き金の1回の操作で1発発射する構造で、2発以上装填できるものを指します。引き金を引いている間中連続して発射が続けられるものを機関銃としています。散弾銃は、本来弾が散るものですが、ここでは弾が散らなくても複数の弾が同時に射出されるものも散弾銃に含めています。輪ゴムを保持している部品（ホールドフック）を傾けて射出するのが強制滑射、輪ゴムの力で倒れようとしているホールドフックの支えを外すのが瞬間解放式です。回転翼式はこの瞬間解放の連続ですが、回転翼の形状にバリエーションが豊富なので翼の形状で仕分けてみました。三角以上は概ね回転翼の形状通りの名称ですが、1枚の板状の翼が1発で180度回転するものについては、本書では便宜上二枚翼と呼んでいます。1発毎に360度回転する仕組みもありますが本書には事例がありません。散弾銃や機関銃にも幾つかの方式がありますが、絶対数が少ないので細かく分ける事無く掲載しています。ストリングリリース式は可動リリーサ型の強制滑射式で、2タイプを掲載していますが、独特の機構なので独立した発射方式と位置づけています。

■ 分類項目

NO.
制作年／製作者・所在地
ゴム銃名称

● 装弾数
● 適合装弾
● 発射方式

【全長】【銃身長】【全高】【全幅】【重量】

● ゴム銃の各部の名称 ●
(瞬間解放式単発銃)

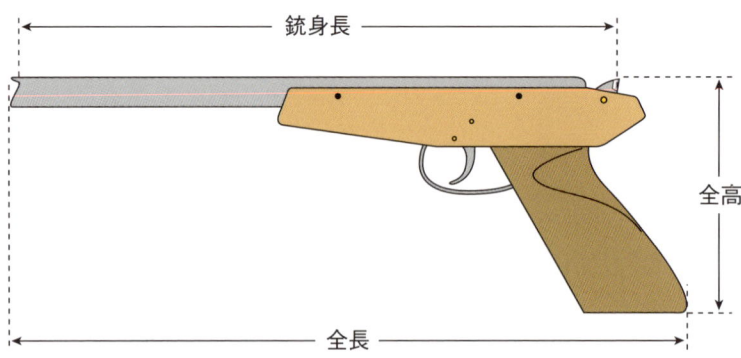

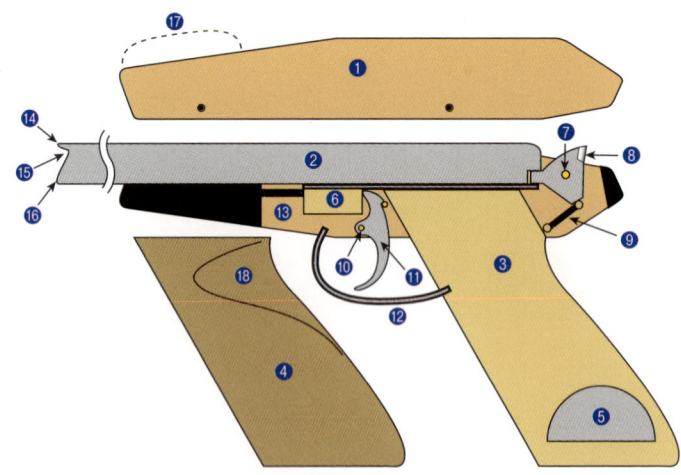

❶メインフレーム	❻シアー	❿トリガーピン
❷銃身（バレル）	❼ホールドフックピン	⓫引き金（トリガー）
❸グリップフレーム	❽ホールドフック	⓬用心鉄（トリガーガード）
❹グリップ	（リアフック）	⓭引き金復帰バネ
❺バラスト	❾ホールドフック復帰バネ	⓮ノーズ
⓯ホールドグルーブ		
（フロントフック）		
⓰ジョー		
⓱フォアグリップ		
⓲サムレスト		

● THE ENCYCLOPEDIA OF RUBBER BAND GUNS ●

1 単発銃

SINGLE LAUNCHING GUN

- Capacity: 1 round
- Bullet: #16
- Launching System: flash release

- Overall Length: 290 mm
- Barrel Length: 260 mm
- Overall Height: 119 mm
- Width: 20 mm
- Weight: 130 g

● THE ENCYCLOPEDIA OF RUBBER BAND GUNS ●

単発銃 / SINGLE LAUNCHING GUN

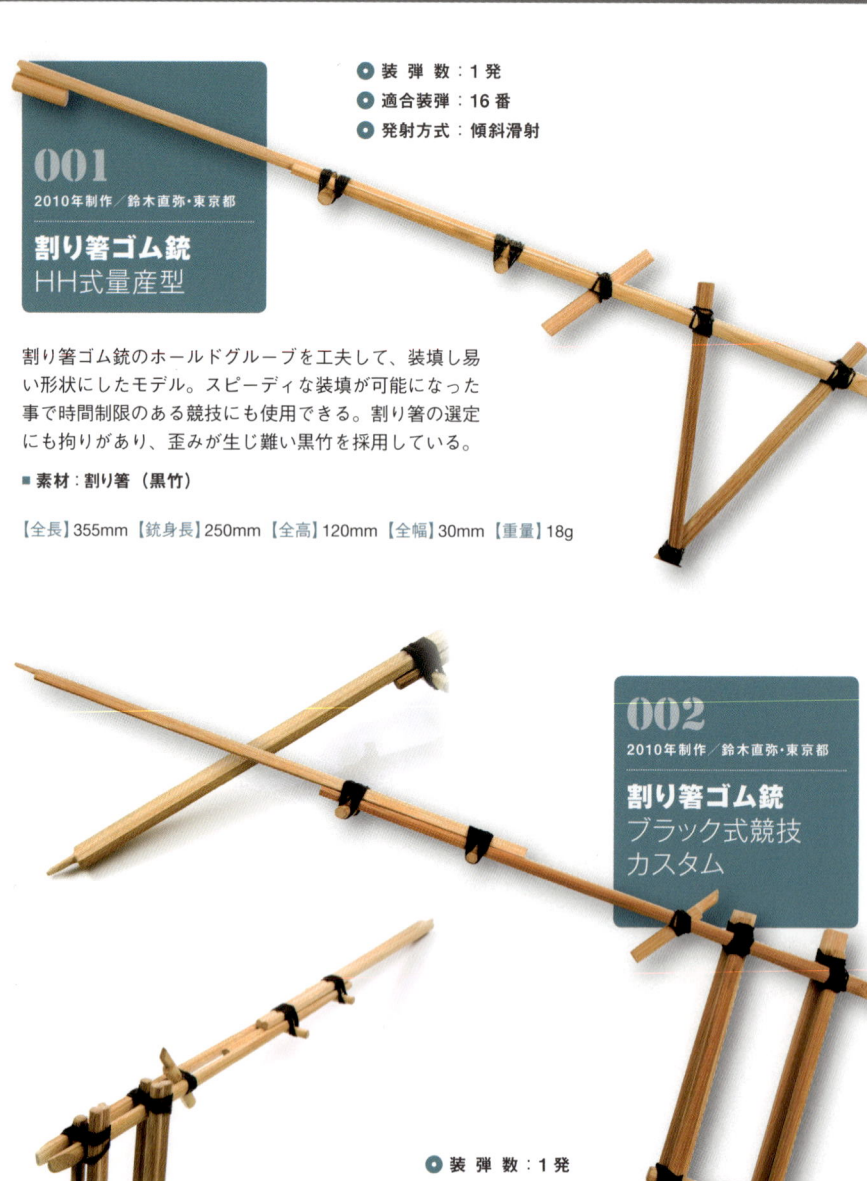

- 装弾数：1発
- 適合装弾：16番
- 発射方式：傾斜滑射

001
2010年制作／鈴木直弥・東京都

割り箸ゴム銃
HH式量産型

割り箸ゴム銃のホールドグルーブを工夫して、装填し易い形状にしたモデル。スピーディな装填が可能になった事で時間制限のある競技にも使用できる。割り箸の選定にも拘りがあり、歪みが生じ難い黒竹を採用している。

■ 素材：割り箸（黒竹）

【全長】355mm 【銃身長】250mm 【全高】120mm 【全幅】30mm 【重量】18g

002
2010年制作／鈴木直弥・東京都

割り箸ゴム銃
ブラック式競技カスタム

- 装弾数：1発
- 適合装弾：16番
- 発射方式：傾斜滑射

ゴム銃といえば割り箸というぐらいオーソドックスな素材で作られているが、組み立て精度を高め、ホールド部をシャープに加工すると、精密射撃に耐えられる命中率を得る事ができる。グリップの持ち易さも安定した射撃には欠かせない。

■ 素材：割り箸（黒竹）

【全長】380mm 【銃身長】300mm 【全高】130mm 【全幅】30mm 【重量】30g

● THE ENCYCLOPEDIA OF RUBBER BAND GUNS ●

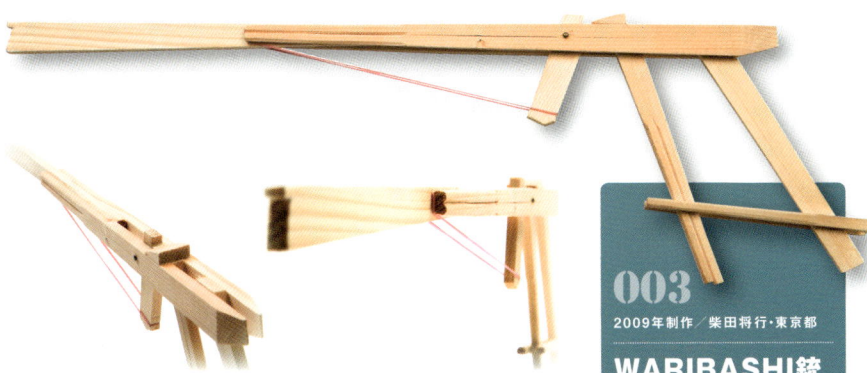

003
2009年制作／柴田将行・東京都

WARIBASHI銃
テンソゲ5膳

高級割り箸「天削（テンソゲ）」を5膳使ったちょっと贅沢なゴム銃。割り箸のパースを巧みに使ったり、釘やピンを使うなど細部に工夫が見られる。オーソドックスな割り箸ゴム銃から、本格的なゴム銃への移行期を感じさせる貴重な標本。

■ 素材：割り箸（桧天削）

● 装 弾 数：1発
● 適合装弾：16番
● 発射方式：傾斜滑射

【全長】395mm 【銃身長】最大：290mm／最小：268mm 【全高】最大：117mm／最小：103mm
【全幅】最大：16mm／最小：15mm 【重量】最大：26g／最小：23g

004
2003年制作／
長門尚男・東京都

アドベンチャー
W002ワリバシ

オーソドックスな割り箸の傾斜滑射式ではあるが、安定感のあるチーク材のグリップとフカヒレ型の用心鉄が洒落ている。引き金牽引用のオーバンドの掛け方も目立たないように工夫してある。

■ 素材：割り箸、チーク

● 装 弾 数：1発
● 適合装弾：16番
● 発射方式：傾斜滑射

【全長】345mm 【銃身長】276mm 【全高】110mm 【全幅】15mm 【重量】42g

THE ENCYCLOPEDIA OF RUBBER BAND GUNS

単発銃 / SINGLE LAUNCHING GUN

005
2006年制作／内田保男・愛知県
UGT-01

- 装弾数：1発
- 適合装弾：16番
- 発射方式：傾斜滑射

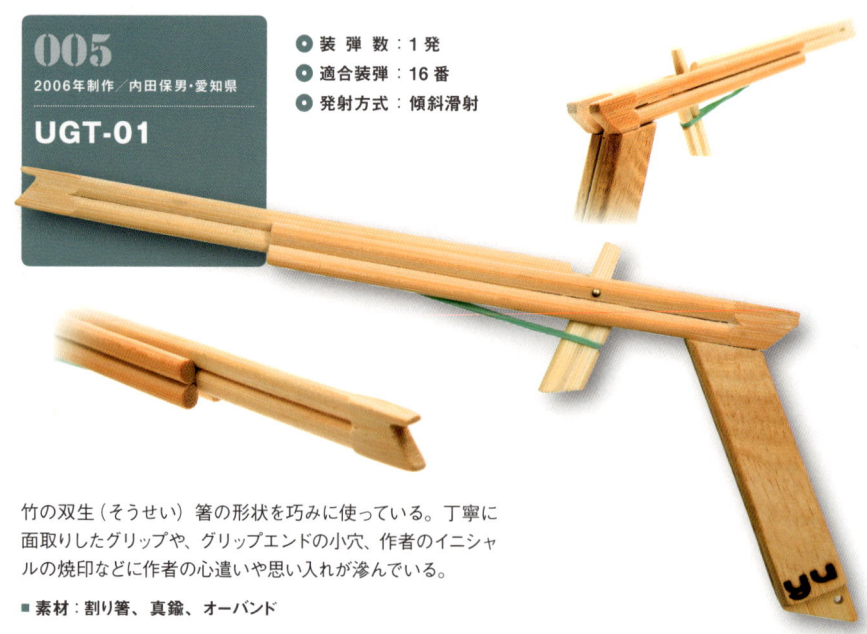

竹の双生（そうせい）箸の形状を巧みに使っている。丁寧に面取りしたグリップや、グリップエンドの小穴、作者のイニシャルの焼印などに作者の心遣いや思い入れが滲んでいる。

■ 素材：割り箸、真鍮、オーバンド

【全長】272mm 【銃身長】184mm 【全高】98mm 【全幅】15mm 【重量】36g

006
2009年制作／中村光児・東京都
SDD2009

ゴム銃制作教室用に設計された初心者用簡易モデル。市販されている角材の幅や厚みを活かし、直線カットのみでキットの量産を可能にしている。木工ボンドと釘2本で組み立てが可能。教室では30分程度かけるが、工作に慣れた者なら5分で組み立てられる。

■ 素材：桧、平行ピン、オーバンド、銅飾り釘

- 装弾数：1発
- 適合装弾：16番
- 発射方式：傾斜滑射

【全長】368mm 【銃身長】275mm 【全高】112mm 【全幅】16mm 【重量】36g

● THE ENCYCLOPEDIA OF RUBBER BAND GUNS ●

007
2005年制作／内田保男・愛知県
UG01

- 装 弾 数：1発
- 適合装弾：16番
- 発射方式：傾斜滑射

少年時代に作っていたものの復刻版だという。一見素朴なシルエットでありながら、丸棒の一部をグリップフレームの厚みに削いだり、フレームに半円筒の材料を使うなど、大人の感性と工作技術により非常に完成度が高い。

- 素材：ラミン、アガチス、竹軸、オーバンド

【全長】276mm 【銃身長】213mm 【全高】111mm 【全幅】15mm 【重量】50g

008
2010年制作／浅野純一・大阪府
アルサー3パーツ

- 装 弾 数：1発
- 適合装弾：16番
- 発射方式：傾斜滑射

ボードの小口に付けるプラスチックの素材を銃身兼フレームとして使用。先端にホールドグルーブを設け、後方にグリップと引き金を差し込む穴が開けてある。二つの部品を差し込んでオーバンドで束ねるだけで完成。接着剤も釘も使っていない。

- 素材：プラスチック、木材、オーバンド

【全長】349mm 【銃身長】255mm 【全高】130mm 【全幅】16mm 【重量】50g

● THE ENCYCLOPEDIA OF RUBBER BAND GUNS ●

009
2008年制作／浅野純一・大阪府
アルサーシンプル

- 装弾数：1発
- 適合装弾：16番
- 発射方式：傾斜滑射

稼動部品は引き金のみというシンプルな構造。グリップはまっすぐな部品をX字型に組み合わせる事で、量産型にもかかわらず、握り易く安定している。

- 素材：桧、木ネジ、オーバンド
- 仕上：ラッカー

【全長】324mm 【銃身長】245mm 【全高】137mm 【全幅】19mm 【重量】69g

010
2010年制作／浅野純一・大阪府
アルサーシンプル
量産型

シンプルな傾斜滑射式だが、高さのある銃身で高速装填時の誤装填防止、ホールドフックをV字型に削る一点リリースなどを採用し、競技用に仕上げてある。グリップの角度や握り心地にも拘りが感じられる。

- 素材：桧、コルクボード、オーバンド

- 装弾数：1発
- 適合装弾：16番
- 発射方式：傾斜滑射

【全長】343mm 【銃身長】250mm 【全高】120mm 【全幅】18mm 【重量】56g

- 装弾数：1発
- 適合装弾：16番
- 発射方式：傾斜滑射

011
2009年制作／宮田正隆・茨城県

sea horse -7770

ずばりタツノオトシゴ。子供向け量産型として設計したというが、それにしてはタツノオトシゴに手がかかりそう。トリガーの位置もグリップから遠く、照準も付け難そうだが……。

- 素材：ラミン丸棒、アガチス、つまようじ、オーバンド
- 仕上：チークオイル

【全長】510mm 【銃身長】309mm 【全高】126mm 【全幅】13mm 【重量】48g

012
2010年制作／奥村俊郎・東京都

T-EX04

命中率最優先の飾り気のないストレートなデザイン。ブナ材は堅牢で狂いが少なく、重量もある。機関部は重い引き金牽引バネの力で支えられた、ホールドフックを強制的に倒すユニークな構造。競技銃としては引き金が重い。細いピンフックと薄いホールドフックに掛けられたオーバンドは幅の狭い2本の平行した照準線となる。

- 素材：ケヤキ、ブナ、真鍮棒、真鍮板、アルミ版、引きバネ

【全長】350mm 【銃身長】280mm 【全高】130mm 【全幅】27mm
【重量】227g

- 装弾数：1発
- 適合装弾：16番
- 発射方式：強制解放型傾斜滑射

● THE ENCYCLOPEDIA OF RUBBER BAND GUNS ●

013
2002年制作／小川 章・東京都
APC-2

- 装 弾 数：1 発
- 適 合 装 弾：12 番
- 発射方式：傾斜滑射

ハガキ1枚を丸めただけで作れるゴム銃。発射装置の一部に指を使うので、果たしてゴム銃と呼んでよいか否かは議論の分かれるところだが、簡単で安全なのは間違いない。

■ 素材：ハガキ、ステープラー

【全長】110mm【銃身長】85mm【全高】66mm
【全幅】91mm【重量】1g

014
2002年制作／小川 章・東京都
APC-3

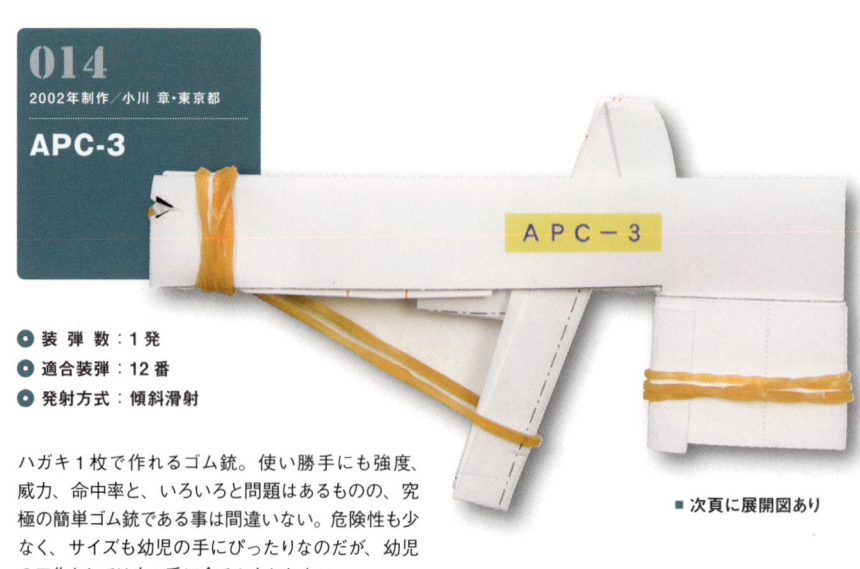

- 装 弾 数：1 発
- 適 合 装 弾：12 番
- 発射方式：傾斜滑射

ハガキ1枚で作れるゴム銃。使い勝手にも強度、威力、命中率と、いろいろと問題はあるものの、究極の簡単ゴム銃である事は間違いない。危険性も少なく、サイズも幼児の手にぴったりなのだが、幼児の工作としては少々手に余るかもしれない。

■ 素材：ハガキ、オーバンド

■ 次頁に展開図あり

【全長】116mm【銃身長】74mm【全高】64mm【全幅】5mm【重量】1g

● THE ENCYCLOPEDIA OF RUBBER BAND GUNS ●

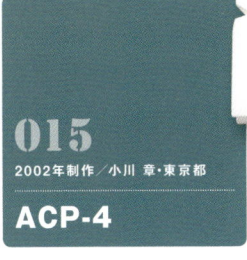

015
2002年制作／小川 章・東京都
ACP-4

- 装弾数：1発
- 適合装弾：12番
- 発射方式：傾斜滑射

折り畳んだハガキにちょっと刻みを付けただけの至極簡単な構造。折り目を親指で押し広げるようにすると、オーバンドがずり上がってリリースされる。

■ 素材：ハガキ

【全長】100mm 【銃身長】73mm 【全高】64mm
【全幅】59mm 【重量】1g

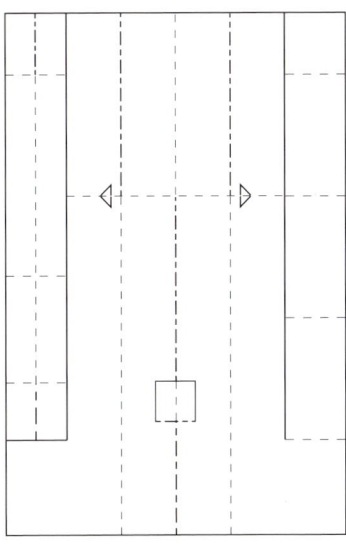

■ APC-3 の展開図

● THE ENCYCLOPEDIA OF RUBBER BAND GUNS ●

016
2009年制作／宇城 浩・兵庫県

WGK 0-0

- 装 弾 数：1発
- 適合装弾：16番
- 発射方式：強制滑射（可動リリーサ）

割り箸二膳と竹串一本で作った、軽量割り箸ゴム銃。シンプルだが、最低限の機能に絞り込んだ傑作。バリエーション展開の基礎となる原型モデル。

■ 素材：割り箸、竹串

【全長】218mm 【銃身長】182mm 【全高】115mm
【全幅】15mm 【重量】9g

017
2010年制作／小阪大典・兵庫県

WCロック銃

- 装 弾 数：1発
- 適合装弾：16番
- 発射方式：強制滑射（固定リリーサ）

スチールのL字金具をメインフレームに使い、木材のグリップと建材用アルミ素材のフレームを取り付けてある。機関部はトイレのドアなどに使うロックを採用。ロックのレバーがそのまま引き金になっている。ロック状態にすると引き金のポジションとなり、同時にフック部分がフレーム後部にせり上がる。フックの先端にオーバンドを受けられる溝を作ってあるが、ほとんど市販の鍵をそのまま使ったユニークなモデル。

■ 素材：アルミ、木材、ドアロック、スチール

【全長】408mm 【銃身長】375mm 【全高】183mm 【全幅】35mm 【重量】401g

● THE ENCYCLOPEDIA OF RUBBER BAND GUNS ●

018
2010年制作／小阪大典・兵庫県

オートラッチ銃

- 装弾数：1発
- 適合装弾：16番
- 発射方式：強制滑射（固定リリーサ）

グリップの下に突き出たボルトを押し上げると施錠用のオートラッチのピンが、フレーム後端に突出してホールドフックになる。装填してと引き金を引くと、ラッチが解除されてピンが下がって発射される。大半が金属製で、長銃身の本体部は7層構造で非常に重い。

■ 素材：スチール、アルミ、プラスチック、オートラッチ

【全長】390mm 【銃身長】370mm 【全高】185mm
【全幅】30mm 【重量】645g

017

● THE ENCYCLOPEDIA OF RUBBER BAND GUNS ●

019
2001年制作／浅野純一・大阪府

アルサー
ゴトハンド

ゴッドハンドではない。仕事師を意味するゴト師の手というネーミング。見てのとおりベースは孫の手。先端のカーブの部分と持ち手に近い部分に溝を切る加工を施したのみなので、本来の用途にも全く支障はない。グリップとして機能する、スポンジゴルフ球が付いているタイプを使うのがミソ。この球がゴルフボール風なのには、孫の手製造者の思惑や都合があるのだろうか　謎。

- 装弾数：1発
- 適合装弾：16番
- 発射方式：強制滑射（固定リリーサ）

■ 素材：スポンジゴルフ球付き竹製孫の手、アルミ、真鍮釘

【全長】442mm　【銃身長】328mm　【全高】43mm　【全幅】40mm　【重量】89g

020
1973年制作／中村光児・東京都

K.Nイミテーション
ネービー1973

- 装弾数：1発
- 適合装弾：16番
- 発射方式：強制滑射（固定リリーサ）

作者が中学生の時の作品。コルトネービーをモチーフに設計してある。引き金と用心鉄は、銅線を扁平に潰して作られている。本体部分の接合には全て竹ひごを使ってある。撃鉄や銃身下のローディングロッドは単なるアクセサリーで実用性はない。刻印代わりに塗装前にボールペンで筆圧強く年代が彫り込んであった。

■ 素材：朴、桧、竹、銅　　■ 仕上：プラモデル用塗料と靴墨で塗装

【全長】430mm　【銃身長】317mm　【全高】105mm　【全幅】250mm　【重量】76g

● THE ENCYCLOPEDIA OF RUBBER BAND GUNS ●

021
1980年制作／中村光児・東京都
SRBG1980

- 装 弾 数：1発
- 適合装弾：16番
- 発射方式：強制滑射（固定リリーサ）

作者が大学生の時の作品。面取りした銃身、削り込んだグリップが特長。ゴム銃には珍しく、引き金を制御する安全装置がついている。ホールドフックはマウントに隠れており、このマウントの溝にオーバンドを押し込むだけで、フックが下がってホールドされるクイックローディングを実現している。インスタントレタリングで名称や製造年代が記されている。日本ゴム銃射撃協会の公式競技はこの銃で検証しながら作られた。

- ■ 素材：桧、杉、竹　　■ 仕上：プラモデル用塗料で塗装

【全長】508mm　【銃身長】375mm　【全高】145mm　【全幅】34mm　【重量】140g

022
2002年制作／中村光児・東京都
SRBG2002 SUPER TARGET

- 装 弾 数：1発
- 適合装弾：16番
- 発射方式：強制滑射（固定リリーサ）

片掛けが発見される以前の競技銃。高速による弾道の安定を求め、オーバンド16番の限界に近い長銃身となっている。隙間にオーバンドを押し入れるだけでホールドされるクイックローディングを採用。銃身とホールドフックには、1.5ミリ厚の真鍮板を用いて命中精度の向上を狙っている。

- ■ 素材：朴、カツラ、真鍮、鉛　　■ 仕上：チークオイル、蜜蝋

【全長】495mm　【銃身長】384mm　【全高】125mm　【全幅】27mm　【重量】270g

THE ENCYCLOPEDIA OF RUBBER BAND GUNS

023
2001年制作／中村光児・東京都

HUNTER'S ANTIQUE 2001

- 装弾数：1発
- 適合装弾：16番
- 発射方式：強制滑射（固定リリーサ）

狩猟用として設計されたモデル。グリップや用心鉄のデザインが古式銃を思わせる。クイックローディング式の単発だが、大型のゴキブリでも1発で仕留める長銃身を備えている。きめの細かい朴材を丁寧にナイフで削って造形してある。優美なデザインと破壊力のギャップが魅力的。

- 素材：朴、真鍮、オーバンド8番
- 仕上：オイルステイン及びチークオイル

【全長】510mm 【銃身長】406mm 【全高】110mm
【全幅】27mm 【重量】157g

024
2002年制作／中村光児・東京都

ELEPHANT 40000 MEMORIAL

- 装弾数：1発
- 適合装弾：16番
- 発射方式：強制滑射（固定リリーサ）

銃身の下面に装填するユニークな構造。これにより銃身上面に照準装置を取り付ける事に成功している。オーバンドを溝に引き込むだけのクイックローディングを採用した強制滑射式。グリップ内部には長い銃身とのバランスを取る為に、鉛バラストが仕込んである。

- 素材：朴、桧、鉛、真鍮、蛍光アクリル、ステンレスバネ、アルミアングル
- 仕上：水性エナメル、水性ニス仕上

【全長】490mm 【銃身長】340mm 【全高】118mm 【全幅】30mm 【重量】111g

- 装弾数：1発
- 適合装弾：16番
- 発射方式：強制滑射（固定リリーサ）

旧日本軍の準制式拳銃、南部九四式のセミスケールモデル。後方に引き出したプレートにオーバンドを装填。引き金を引くとオーバンドの収縮力でプレートが前進して、オーバンドがリリーサに乗り上げて発射される。オリジナルとほぼ同じコンパクトサイズで、メインフレームはグリップフレームと一体。

- 素材：ベニヤ合板、ケヤキ、アルミ

【全長】170mm 【銃身長】160mm 【全高】125mm 【全幅】31mm 【重量】150g

025
2006年制作／荒木 徹・鹿児島県

B60107 南部九四式

● THE ENCYCLOPEDIA OF RUBBER BAND GUNS ●

026
2009年制作／新妻一樹・東京都
ジャッカル

- 装弾数：1 発
- 適合装弾：16 番
- 発射方式：強制滑射（固定リリーサ）

オールアルミの強制滑射式モデル。誤装填を避ける為の翼が左右それぞれ30ミリ弱飛び出しているが、本体自体は7ミリと超薄型。引き金の牽引バネが用心鉄の一部として機能するユニークな構造。銃身下には、可動式のフォアグリップがある。

■ 素材：アルミ平板

【全長】275mm 【銃身長】250mm 【全高】155mm 【全幅】60mm 【重量】270g

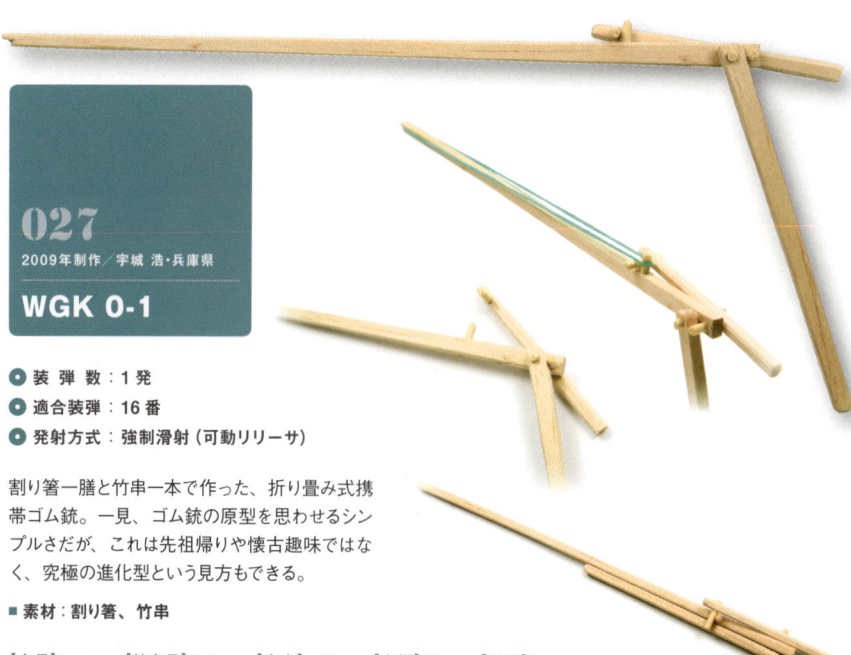

027
2009年制作／宇城 浩・兵庫県
WGK 0-1

- 装弾数：1 発
- 適合装弾：16 番
- 発射方式：強制滑射（可動リリーサ）

割り箸一膳と竹串一本で作った、折り畳み式携帯ゴム銃。一見、ゴム銃の原型を思わせるシンプルさだが、これは先祖帰りや懐古趣味ではなく、究極の進化型という見方もできる。

■ 素材：割り箸、竹串

【全長】225mm 【銃身長】170mm 【全高】100mm 【全幅】18mm 【重量】5g

● THE ENCYCLOPEDIA OF RUBBER BAND GUNS ●

028
2010年制作／小中健史・神奈川県

ランダルカスタム withループレバー アクション

- 装弾数：1発
- 適合装弾：16番
- 発射方式：強制滑射（固定リリーサ）

ランダルカスタムのセミスケールモデル。外観だけでなく、レバーアクションによって銃の内部でオーバンドを引き伸ばす構造に拘っている。単発なのはやや惜しまれるが、ランダルフリークにはたまらない操作感。短いカートリッジを装填、廃莢する本物よりもオーバンドを4倍に伸ばす方が構造的には難しい。

- 素材：チーク、ブナ、ケヤキ、桂、紫檀、アルミ
- 仕上：オイルフィニッシュ（天然油脂塗料クリア）

【全長】502mm 【銃身長】227mm 【全高】162mm 【全幅】42mm 【重量】522g

THE ENCYCLOPEDIA OF RUBBER BAND GUNS

029
2010年制作／小阪大典・兵庫県

塩ビパイプ2号

- 装弾数：1発
- 適合装弾：16番
- 発射方式：強制滑射（固定リリーサ）

既成の水道管用の塩ビパイプで作られている。丁字型ジョイントや終端部品をうまく使って加工を最小限に抑えている。発射機構にも既成の洗濯バサミを巧みに組み込んである。洗濯バサミを使用してはいるが、オーバンドを挟み付けて保持するのではなく、片側の部品だけを動かして滑らせている。銃が乱暴に扱われる事が多い、子供向けのイベント等に最適の強度を有する。

■ 素材：塩ビパイプ、洗濯バサミ

【全長】469mm 【銃身長】291mm 【全高】131mm 【全幅】35mm 【重量】260g

● THE ENCYCLOPEDIA OF RUBBER BAND GUNS ●

- 装 弾 数：1発
- 適合装弾：16番
- 発射方式：強制滑射（可動リリーサ）

横掛け銃には珍しい強制滑射方式。引き金とリリーサは1本の針金を巧みに曲げて作られている。銃身上面には、照準用に先端から後端まで溝が切ってある。

- 素材：南洋材、グリップカバーケヤキ、3.2mm 針金
- 仕上：木彫オイル

【全長】205mm 【銃身長】190mm 【全高】120mm 【全幅】28mm 【重量】115g

030
2009年制作／西福元 寛・鹿児島県

isa.special
CP専用銃

031
2009年制作／西福元 寛・鹿児島県

isa.special
キッズ

- 装 弾 数：1発
- 適合装弾：14番
- 発射方式：強制滑射（可動リリーサ）

名称どおり子供用のスケール。逆発やゴム切れに供えて、厚手のビニル製のセーフティガードが取り付けられている。四葉のクローバーがセーフティマーク。

- 素材：南洋材、グリップカバーケヤキ、3.2mm 針金
- 仕上：木彫オイル

【全長】150mm 【銃身長】123mm 【全高】103mm 【全幅】28mm 【重量】55g

● THE ENCYCLOPEDIA OF RUBBER BAND GUNS ●

032
2010年制作／西福元 寛・鹿児島県

isa.special
オールラウンド

- 装 弾 数：1発
- 適合装弾：16番
- 発射方式：強制滑射（可動リリーサ）

銃身の上面に掛けて静標的、左右どちらかに掛ければ動標的競技に使えるオールラウンダー。フロントのピンフックは、使い方に応じてセットポジションを替える事ができる。種目別専用銃の分化が進む中にあっては非常にユニークな存在。上面は可動リリーサ型の強制滑射、側面は瞬間解放式。

■ 素材：木材、スチールピン、オーバンド

【全長】270mm 【銃身長】最大／270mm／最小／130mm 【全高】130mm 【全幅】25mm 【重量】139g

- 装 弾 数：1発
- 適合装弾：16番
- 発射方式：強制滑射（可動リリーサ）

033
2002年制作／中村光児・東京都

ULTRA TARGET 2002

細い真鍮の銃身とアルミ版の可動リリーサを持ったターゲットモデル。リリーサの幅は0.5ミリ。銃身の幅は1.5ミリ。瞬間解放に比べ、やや引き金が重いが、手にフィットする安定したグリップが補完してくれる。塗り重ねた水性ニスの艶と桂材のグリップの木目が美しい。グリップ内部にはバラストとして鉛の板が埋め込んである。

■ 素材：朴、桧、桂、真鍮ピン、真鍮板、ステンレス引きバネ、アルミアングル、アルミ板 ■ 仕上：オイルステイン、水性ニス

【全長】208mm 【銃身長】260mm 【全高】125mm 【全幅】30mm 【重量】249g

034
2004年製作／浅野純一・大阪府

アルサーブラック バレル

- 装弾数：1発
- 適合装弾：16番
- 発射方式：強制滑射（可動リリーサ）

長いフォアグリップと厚みのあるグリップが特長。リアサイトを兼ねた可動式のリリーサは引き金と一体構造になっており、水平に後方に移動し滑らかにオーバンドをリリースする。

■ 素材：アルミ、木材、合板、引きバネ、コルクボード

【全長】374mm 【銃身長】295mm 【全高】117mm 【全幅】25mm 【重量】144g

035
2010年製作／浅野純一・大阪府

@alther 白牛スペシャル

- 装弾数：1発
- 適合装弾：16番
- 発射方式：強制滑射（可動リリーサ）

高級素材と精度の高い金属部品をふんだんに使ったオーダーメイドの競技銃。比重のある黒檀や幅10mmのトリガーガードにより重量もあり、安定した射撃が可能。黒柿のグリップが渋い。村上英俊氏所蔵。

■ 素材：黒檀、黒柿、サクラ、シナベニヤ310

【全長】310mm 【銃身長】280mm 【全高】142mm 【全幅】25mm 【重量】324g

- 装弾数：1発
- 適合装弾：16番
- 発射方式：強制滑射（可動リリーサ）

大阪の浅野氏作「＠アルサー（あったるさー）」からヒントを得て独自に工夫した競技用モデル。銃身と引き金（リリーサと一体）はアルミ。3mm幅の銃身が精度の高さを窺わせる。オリジナルの＠アルサーより短めな銃身でコンパクトな印象だが、グリップががっちりしていて安定感がある。

- 素材：桧、モール、アルミ
- 仕上：水性ニス塗装

【全長】265mm 【銃身長】245mm 【全高】130mm 【全幅】24mm 【重量】110g

036

2009年制作／鈴木幸則・栃木県

HTI90150T@LKANA

- 装弾数：1発
- 適合装弾：16番
- 発射方式：強制滑射（可動リリーサ）

HTI90150T@LKANAの後継モデルか。可動式リリーサを使った強制滑射式。音もなく射出される弾道も銃のスタイル同様にシャープ。長めの銃身には集弾性への拘りが窺える。銃身に採用している縁取り用のプラスチック素材が、いかにもオーバンドとの摩擦を軽減しそう。

- 素材：桧、アガチス、アルミ板、カブセ（プラスチック建材）
- 仕上：水性ニス塗装

【全長】300mm 【銃身長】280mm 【全高】130mm 【全幅】30mm 【重量】100g

037

2010年制作／鈴木幸則・栃木県

HTI_100254T@LKN_A

● THE ENCYCLOPEDIA OF RUBBER BAND GUNS ●

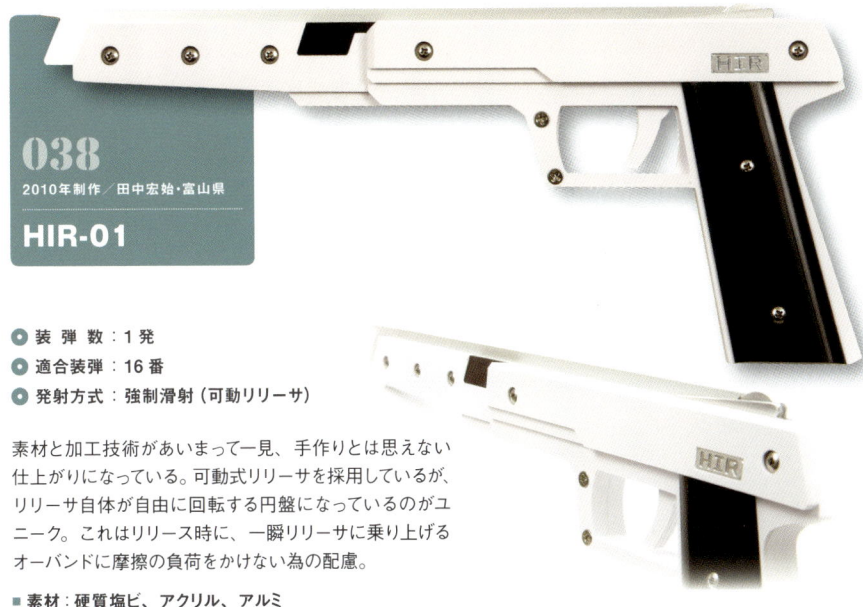

038
2010年制作／田中宏始・富山県
HIR-01

- 装弾数：1発
- 適合装弾：16番
- 発射方式：強制滑射（可動リリーサ）

素材と加工技術があいまって一見、手作りとは思えない仕上がりになっている。可動式リリーサを採用しているが、リリーサ自体が自由に回転する円盤になっているのがユニーク。これはリリース時に、一瞬リリーサに乗り上げるオーバンドに摩擦の負荷をかけない為の配慮。

- 素材：硬質塩ビ、アクリル、アルミ

【全長】295mm 【銃身長】265mm 【全高】127mm 【全幅】25mm 【重量】355g

039
2008年制作／鈴木幸則・栃木県
HTI8444T_Esfesta,jr

- 装弾数：1発
- 適合装弾：16番
- 発射方式：強制滑射（可動リリーサ）

フカヒレ型のリリーサを持つ精密射撃用の単発銃。このタイプではリリーサの高さが微妙にオーバンドの飛翔コースに影響する。低過ぎて銃身との摩擦が大き過ぎてもいけないし、高過ぎると銃身先端で跳ね上がりが発生する。またオーバンドの伸縮力により、引き金がやや重い傾向がある。

- 素材：桧
- 仕上：透明ニス塗装

【全長】310mm 【銃身長】260mm 【全高】130mm 【全幅】20mm 【重量】65g

● THE ENCYCLOPEDIA OF RUBBER BAND GUNS ●

040
2010年制作／中島利夫・福岡県

コルト38 SUPER ガバメント

- 装弾数：1発
- 適合装弾：16番
- 発射方式：強制滑射（可動リリーサ）

単発銃 SINGLE LAUNCHING GUN

連発銃 CONTINUOUS LAUNCHING GUN

散弾銃 SHOTGUN

機関銃 MACHINE GUN

ほとんどMDF（中密度繊維板）で、実銃を再現している。形状のみならず、アクションを忠実に再現しているところに作者の拘りがある。なんといってもブローバックする機構は見事としか言いようがない。更に、ちゃんとマガジンも抜けるし、ダミーの弾丸さえも入っている。

■ 素材：MDF、木材

【全長】225mm 【銃身長】195mm 【全高】143mm 【全幅】38mm 【重量】205g

030

● THE ENCYCLOPEDIA OF RUBBER BAND GUNS ●

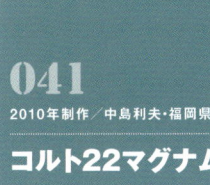

041
2010年制作／中島利夫・福岡県
コルト22マグナム

- 装 弾 数：1発
- 適合装弾：16番
- 発射方式：強制滑射（可動リリーサ）

実物のコルトポケットとほぼ同じ大きさだが、銃身長は倍近くある。まあ、それは装薬銃とゴム銃では違ってあたりまえ。では、なぜこんなにもデザインがそっくりなのか？　作者の拘りと技量の結晶なのである。

■ 素材：MDF

【全長】120mm【銃身長】110mm【全高】110mm【全幅】46mm【重量】110g

042

2010年制作／中島利夫・福岡県

AR-7

- 装弾数：1発
- 適合装弾：18番
- 発射方式：強制滑射（可動リリーサ）

映画『007 ドクター・ノオ』で主役のジェームズ・ボンド（ショーン・コネリー）が使った狙撃銃。スパイが使うだけあって分解すると機関部と銃身がストックに入ってしまう。そこまで再現し、更にブローバックも……。狙われた害虫は必ず仕留められる運命か。

- 素材：MDF、木材、ファルカタ
- 仕上：ウレタン塗装

● THE ENCYCLOPEDIA OF RUBBER BAND GUNS ●

単発銃 / SINGLE LAUNCHING GUN

【全長】930mm 【銃身長】528mm 【全高】241mm
【全幅】43mm 【重量】495g

033

● THE ENCYCLOPEDIA OF RUBBER BAND GUNS ●

単発銃 SINGLE LAUNCHING GUN

043
2010年制作／中島利夫・福岡県

スタームルガー ミニ

米スタームルガー社の小銃を見事に再現している。固定されたホールドフックにオーバンドをセットし、引き金を引くと、リリーサの付いたボルト部分が瞬間的に後退してオーバンドを解放する。この時、排莢口にマガジン上部で装填を待つ模擬弾が見える徴ようよう。オーバンドが装填されていないこのモデルを見た者には、これがゴム銃だとは分からないだろう。単発だが20番の2本繋ぎはかなりの威力を発揮する。

■ 素材：木材　　■ 仕上：ウレタン塗装

● 装弾数：1発
● 適合装弾：20番
● 発射方式：強制滑射（可動リリーサ）

【全長】1005mm 【銃身長】530mm 【全高】215mm 【全幅】57mm 【重量】730g

● THE ENCYCLOPEDIA OF RUBBER BAND GUNS ●

単発銃 SINGLE LAUNCHING GUN

連発銃 CONTINUOUS LAUNCHING GUN

散弾銃 SHOTGUN

機関銃 MACHINE GUN

035

044

2009年制作／柴田延弥・愛知県

＃16口径ジャムライフル

木製のカートリッジにオーバンドを装填し、銃にセットしてからフレーム左のレバー操作で伸ばす仕組み。突出した銃身はダミーで、実質の銃身はフレーム内部で前進するフロントフックが止まる滑車の後方まで。引き金の操作でカートリッジからオーバンドをずらして発射する。その後、フレーム右側のレバー操作でカートリッジを排出する。ボルトアクションライフルのような操作感が楽しい。

- 素材：桧、アガチス、朴、竹、天体望遠鏡用ファインダー
- 仕上：油性ニス、ラッカースプレー白、焦げ茶

- 装弾数：1発
- 適合装弾：16番
- 発射方式：強制滑射（可動リリーサ）

● THE ENCYCLOPEDIA OF RUBBER BAND GUNS ●

単発銃 SINGLE LAUNCHING GUN

連発銃 CONTINUOUS LAUNCHING GUN

散弾銃 SHOTGUN

機関銃 MACHINE GUN

【全長】1080mm 【銃身長】283mm 【全高】166mm 【全幅】133mm 【重量】695g

037

045

2010年制作／中島利夫・福岡県

コルトウッズマン ターゲット

- 装弾数：1発
- 適合装弾：16番
- 発射方式：強制滑射（可動リリーサ）

ゴム銃なのにブローバック！ 必要か否かは問題ではない。それをいうならそもそもゴム銃は必要か？ これほど精巧に形状も機能も再現されたものを見たら、コルト社ではどんな反応をするだろうか。

- 素材：MDF、木材
- 仕上：ウレタン塗装

【全長】267mm【銃身長】250mm【全高】137mm【全幅】35mm【重量】185g

046

2009年制作／内田保男・愛知県

UGT-03

- 装弾数：1発
- 適合装弾：16番
- 発射方式：瞬間解放

黒竹の天削（てんそげ）箸を使った瞬間解放式モデル。ホールドフック、引き金とも復帰用牽引ゴムを後方に配置し、外観をスマートに仕上げてある。銃身下部に誤装填防止用のパーツを追加したり、予備弾倉を設けるなど、細やかな気配りが心地よい。

- 素材：割り箸（黒竹）、真鍮釘、オーバンド

【全長】290mm【銃身長】197mm【全高】94mm【全幅】15mm【重量】32g

● THE ENCYCLOPEDIA OF RUBBER BAND GUNS ●

高級割り箸、竹の天削を割らずに使っている。割り箸のパースや天削特有の削ぎ落とし部分をデザインに活かしている。コルクシートを貼ったグリップは安定した構えを生み出す。前後ともフックにはシャープな真鍮ピンを採用。軽く確実な瞬間解放機構が、割り箸ゴム銃としては極めて高い命中精度を実現している。中村光児所蔵。

■ 素材：竹天削箸、アガチス、真鍮ピン、コルクシート

【全長】300mm 【銃身長】230mm 【全高】95mm 【全幅】13mm 【重量】31g

047
2008年制作／一杉洋之・神奈川県
Tensoge PPS

● 装弾数：1発
● 適合装弾：16番
● 発射方式：瞬間解放

● 装弾数：1発
● 適合装弾：16番
● 発射方式：瞬間解放

048
2005年制作／荒木 徹・鹿児島県
B50804 TFM-D

100円均一の店で手に入れた板状のお香立てをグリップに使った、ちょっとお洒落な割り箸ゴム銃。割り箸が高級な竹の天削であり、真鍮の飾り釘で留めてあるので高級感がある。引き金はピアノ線でグリップと繋いであり、適度な重量感がある。ホールドフックは手動で戻すが、フレームの先端にオーバンドを掛けて自動復帰構造にもできる。

■ 素材：竹割り箸、線香立

【全長】240mm 【銃身長】155mm 【全高】109mm 【全幅】18mm 【重量】52g

単発銃 SINGLE LAUNCHING GUN

連発銃 CONTINUOUS LAUNCHING GUN

散弾銃 SHOTGUN

機関銃 MACHINE GUN

THE ENCYCLOPEDIA OF RUBBER BAND GUNS

049
2009年制作／鈴木直弥・東京都

ST2007 ブラックカスタム

- 装弾数：1発
- 適合装弾：16番
- 発射方式：瞬間解放

中村光児のST2007の改良型。銃身先端に丁字型になるように板を取り付け、かつ小穴を明けてある。更に前後のホールド部を木材からスプリングピンに交換。射撃時には銃の右面が上になるように構え、板に開けた穴から覗いて照準を合わせる。

■素材：桧、ブナ、アルミ、オーバンド

【全長】336mm 【銃身長】263mm 【全高】115mm
【全幅】60mm 【重量】70g

050
2010年制作／鈴木直弥・東京都

黒 静ノ型
（くろ せいのかた）

- 装弾数：1発
- 適合装弾：16番
- 発射方式：瞬間解放

高級木材である黒檀で作られた静標的専用の競技銃。精密なリリースを期してホールドフックは8mm厚の真鍮ブロックから、1.5mmになるまで削り出してある。素材を活かしてサンドペーパーのみで仕上げてある。

■素材：黒檀、六角穴付ボルト（M4×25）、M4ナット、平ワッシャー（4mm）、真鍮、スプリングピン、黒ゴム、木ネジ
■仕上：紙ヤスリ（#600）

【全長】415mm 【銃身長】300mm 【全高】131mm 【全幅】29mm 【重量】285g

051

2008年制作／日本工業大学ものづくりゴム銃同好会・埼玉県

NIT2008 シリーズ

- 装 弾 数：1発
- 適合装弾：16番
- 発射方式：瞬間解放

日本の大学では初のゴム銃同好会のメンバーによる習作。同じ基本構造をベースに素材や銃身長、加工方法などを各々が工夫して作った作品群。工業大学の豊富な加工機械を駆使して作られており、中にはレーザー光線でカットしたものもある。ゴム銃の次世代を担う若者達の今後の活躍が期待される。

■ 素材：アガチス、鉄、発泡ウレタン、アルミ他

【全長】240mm 【銃身長】209mm 【全高】133mm 【全幅】22mm 【重量】95g

052

2010年制作／荒木 徹・鹿児島県

B100404 Arrow

- 装 弾 数：1発
- 適合装弾：16番
- 発射方式：強制滑射（固定リリーサ）

堅牢なブナ材のフレームと美しいウォールナットのグリップにアルミの機関部が埋め込まれている。ともすると引き金が重くなりがちな強制滑射方式だが、ホールドフックの角度や溝の形状等で調整してある。装填のし易さ、グリップの肉の削ぎ方等に独特の工夫が見られる。

■ 素材：ブナ、アルミ、ウォールナット

【全長】265mm 【銃身長】245mm 【全高】133mm 【全幅】19mm 【重量】154g

053

2006年制作／中村光児・東京都

ST2006FR改

- 装弾数：1発
- 適合装弾：16番
- 発射方式：瞬間解放

公式競技会、イベントの貸出銃として設計された量産型。高さのある銃身は誤装填防止に有効。メインフレーム、銃身、グリップなどに30mm幅の材料をそのままの幅で使う事で量産を容易にしている。子供にも使い易いサイズに設計してあるので、グリップの太さと引き金の距離は大人には少々小さい。

■ 素材：桧、ブナ、木ネジ、極小ヒートン、アルミ板、真鍮釘、オーバンド16番、14番

【全長】360mm 【銃身長】260mm 【全高】125mm 【全幅】18mm 【重量】58g

054

2006年制作／中村光児・東京都

ST2006FR

- 装弾数：1発
- 適合装弾：16番
- 発射方式：瞬間解放

公式競技会の貸出銃として設計された量産型。装填ミスをカバーする為、高さのある銃身を採用。ホールドフックの後部と銃身の上面はV字型に削られオーバンドが一点からリリースされ、摩擦抵抗を受けないように配慮されている。銃身がホールドフックのリリース点ぎりぎりの高さまで高めになっており、弾道の跳ね上がりが少ない。手ぶれ防止の為に引き金は引き尺の短いフェザータッチ。作者の家族用には注文に応じて塗装。

■ 素材：桧、朴、ブナ、木ネジ、極小ヒートン、アルミ板、真鍮釘、オーバンド16番または引きバネ

■ 仕上：白木、アクリル絵の具（水色）、ラッカー（パールピング）

【全長】365mm 【銃身長】260mm 【全高】130mm 【全幅】22mm 【重量】76g

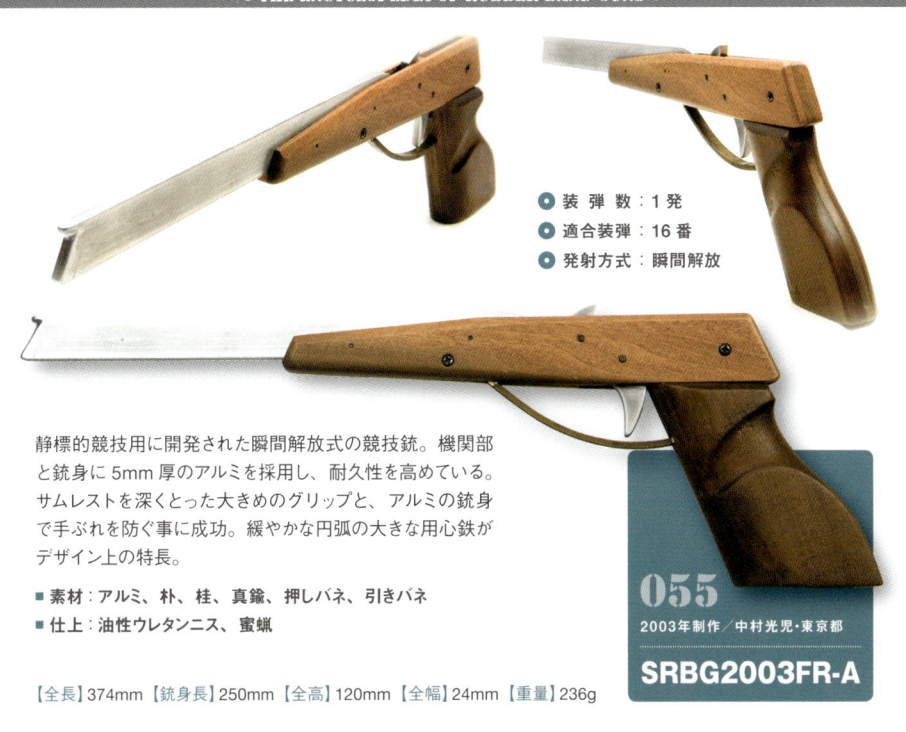

● THE ENCYCLOPEDIA OF RUBBER BAND GUNS ●

- 装弾数：1発
- 適合装弾：16番
- 発射方式：瞬間解放

静標的競技用に開発された瞬間解放式の競技銃。機関部と銃身に5mm厚のアルミを採用し、耐久性を高めている。サムレストを深くとった大きめのグリップと、アルミの銃身で手ぶれを防ぐ事に成功。緩やかな円弧の大きな用心鉄がデザイン上の特長。

- 素材：アルミ、朴、桂、真鍮、押しバネ、引きバネ
- 仕上：油性ウレタンニス、蜜蝋

【全長】374mm【銃身長】250mm【全高】120mm【全幅】24mm【重量】236g

055
2003年制作／中村光児・東京都
SRBG2003FR-A

056
2009年制作／中村光児・東京都
SRBG2009FR AYAMI SPECIAL

- 装弾数：1発
- 適合装弾：16番
- 発射方式：瞬間解放

子供用の競技銃だが、数種類の木材を用いて色彩や質感を楽しめる。色彩のみでなく、強度、比重、加工のし易さなども考慮されている。

- 素材：黒檀、朴、ケヤキ、桜、ナラ、パドック、真鍮ピン、押しバネ、引きバネ、木ネジ
- 仕上：チークオイル、蜜蝋

【全長】312mm【銃身長】285mm【全高】124mm【全幅】25mm【重量】146g

043

単発銃 SINGLE LAUNCHING GUN

057
2006年制作／中村光児・東京都

SRBG2006FR

- 装弾数：1発
- 適合装弾：16番
- 発射方式：瞬間解放

アルミの薄板で作られたプレートが引き金の操作で前進すると、それに制御されていたホールドフックが解放される瞬間解放式競技銃。厚手のグリップで安定した構えができる。内部にレーザーポインタを組み込んだ専用アタッチメントがピン1本で着脱できる。

- 素材：朴、桂、紫檀、アルミ
- 仕上：油性ウレタンニス、蜜蝋

【全長】最大：360mm／最小：355mm 【銃身長】310mm 【全高】120mm
【全幅】24mm 【重量】最大：268g／最小：175g

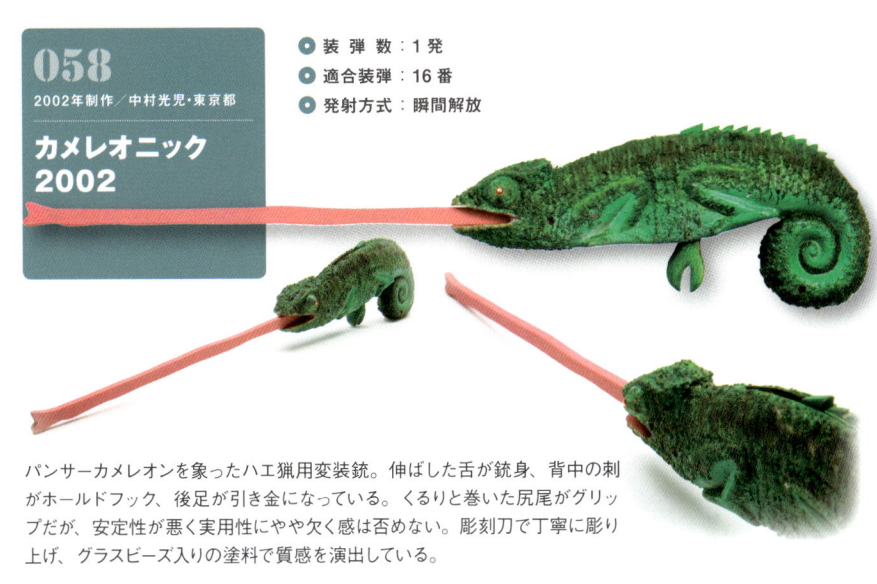

● THE ENCYCLOPEDIA OF RUBBER BAND GUNS ●

058
2002年制作／中村光児・東京都

カメレオニック 2002

- 装弾数：1発
- 適合装弾：16番
- 発射方式：瞬間解放

パンサーカメレオンを象ったハエ猟用変装銃。伸ばした舌が銃身、背中の刺がホールドフック、後足が引き金になっている。くるりと巻いた尻尾がグリップだが、安定性が悪く実用性にやや欠く感は否めない。彫刻刀で丁寧に彫り上げ、グラスビーズ入りの塗料で質感を演出している。

- 素材：桧、真鍮棒
- 仕上：アクリル絵の具用盛り上げ材、プラモデル用塗料、アクリルスプレー塗料

【全長】400mm 【銃身長】311mm 【全高】90mm 【全幅】40mm 【重量】101g

059
2003年制作／中村光児・東京都

Hammer Head

- 装弾数：1発
- 適合装弾：16番
- 発射方式：瞬間解放

その名のとおり、銃身先端がシュモクザメの頭のように左右に張り出している。これにより高速装填時の掛け損ないを軽減している。精度を上げる為にフックは前後とも2mm径の真鍮棒を採用。リアのホールドフックは上面のプレートからピンのみが立ち上がる設計。装填されたオーバンドの描く2本線を照準に使う。両手保持の安定性を考慮して、散弾銃並のフォアグリップが設けてある。

- 素材：朴、桂、アルミ、真鍮ピン
- 仕上：油性ウレタンニス、蜜蝋

【全長】390mm 【銃身長】250mm 【全高】155mm 【全幅】50mm 【重量】319g

THE ENCYCLOPEDIA OF RUBBER BAND GUNS

060
2003年制作／長門尚男・東京都
アドヴェンチャー
S002

- 装弾数：1発
- 適合装弾：16番
- 発射方式：瞬間解放

外見はシンプルだが、銃身やホールドフックは三層構造で手が込んでいる。引き金や用心鉄は9mm厚の桧材で強度を確保してある。引き金の牽引にはオーバンド、ホールドフックは重量復帰を採用。しっかりした用心鉄の作りに、手を抜かないものづくりへの拘りが感じられる。

■ 素材：チーク、桧   ■ 仕上：オイル塗布

【全長】345mm 【銃身長】284mm 【全高】125mm 【全幅】22mm 【重量】101g

061
2003年制作／長門尚男・東京都
アドヴェンチャー
S005

- 装弾数：1発
- 適合装弾：16番
- 発射方式：瞬間解放

素材の味わい、風合い、色、木目を活かした射撃銃。ゴム銃ならではの長いフォアグリップを持つハンドガン。L字型の可動部品2つを組み合わせたシンプルな構造から、フェザータッチの正確なリリースが生まれる。

■ 素材：ケヤキ、桧、カリン、紫檀

【全長】393mm 【銃身長】298mm 【全高】133mm 【全幅】17mm 【重量】125g

062

2004年制作／長門尚男・東京都

アドベンチャー
S009

- 装弾数：1発
- 適合装弾：16番
- 発射方式：瞬間解放

ホールドフックに真鍮ピンを採用した精密射撃銃。中間部品をうまく配してホールドフックを最後端に持ってくる事で、銃身長の割にコンパクトに納まっている。飾らない矩形のフレームやストレートグリップは一見シンプルだが、ケヤキの木目を活かしたり、素材を合わせて台尻にアクセントを付ける等の遊び心が随所に滲み出ている。

- 素材：桧、ケヤキ、紫檀、真鍮
- 仕上：サフラワーオイル塗布

【全長】275mm 【銃身長】260mm 【全高】145mm 【全幅】20mm 【重量】90g

063

2004年制作／長門尚男・東京都

アドベンチャー
S006

4種類の木材をその色合い、質感、強度等を活かして使い分けた工芸品を思わせる逸品。シンプルな瞬間解放式だが、ライフルのストレートストックのように伸びたグリップが特長。その昔、一世を風靡したランダル銃に似た台尻に頬付けすると、抜群に安定した構えができる。留め具を象ったウエンジュのアクセサリーもお洒落。

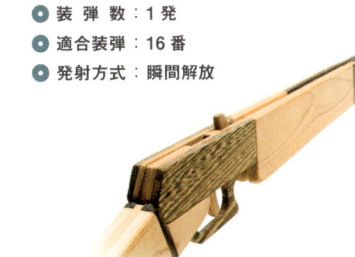

- 素材：桧、黒檀、ウエンジュ、アガチス
- 仕上：サフラワーオイル塗布

- 装弾数：1発
- 適合装弾：16番
- 発射方式：瞬間解放

【全長】530mm 【銃身長】300mm 【全高】112mm 【全幅】23mm 【重量】272g

047

064
2005年制作／石田豊文・新潟県

アドヴェンチャー
スター01

- 装弾数：1発
- 適合装弾：16番
- 発射方式：瞬間解放

アドヴェンチャーシリーズの作者、長門尚男氏が設計し、仏具職人でゴム銃作家でもある石田豊文氏が制作、塗装した合作。命中精度に重点を置いた精密射撃銃が伝統の技による美しい塗装で、芸術品としても輝きを見せる。この美しさだけでも射手の気持ちを高揚させ、得点にも影響する事だろう。長門尚男氏所蔵。

■ 素材：ケヤキ　　■ 仕上：漆（春慶塗）

【全長】294mm 【銃身長】285mm 【全高】130mm 【全幅】24mm 【重量】187g

065
2007年制作／鈴木幸則・栃木県

HTI7136T_DX

- 装弾数：1発
- 適合装弾：16番
- 発射方式：瞬間解放

一見ピンフックに見えるリアホールドは、アルミ板からの削り出し。長い銃身も3ミリ厚のアルミ版を桧で挟んである。銃身が長いだけに初速があり、弾道がシャープ。トリガーが軽く、静標的競技に最適だが、害虫駆除にも威力を発揮する事だろう。

■ 素材：桧、アガチス、桂、アルミ　　■ 仕上：透明ニス塗装

【全長】380mm 【銃身長】315mm 【全高】140mm 【全幅】25mm 【重量】120g

066
2006年制作／鈴木幸則・栃木県

HTI6623_ Limit

- 装弾数：1発
- 適合装弾：16番
- 発射方式：瞬間解放

3ミリ厚の長銃身、機関部にもアルミを使った瞬間解放式競技銃。銃身に重みがあり、重量バランスが抜群。ホールドフックの突出が少なく、精密射撃に期待が持てる反面、装填がやや難しい。トリガーの引き尺、重さとも軽妙で手ぶれを招かないが、トリガーのポジションがグリップ内に寄り過ぎ、若干指が曲がり過ぎる感がある。

■ 素材：アガチス、アルミ　　■ 仕上：水性透明ニス塗装

【全長】360mm【銃身長】335mm【全高】130mm【全幅】25mm【重量】150g

067
2005年制作／鈴木幸則・栃木県

HTI598T_ MIKADO

- 装弾数：1発
- 適合装弾：16番
- 発射方式：瞬間解放

本書の監修者、中村光児の Hunter SAA Nagare Special の図面を参考に制作したコルト45のセミスケールモデル。メタルゴールドの本体とグリップの菊の紋が光る。ゴム銃では不要なエジェクターチューブの中にはちゃんと長いスプリングが入っているなど、細部にも拘りが窺える。使用時にはフロントサイトを外してオーバンドを装填する。その名のとおりちょっと高貴な香りがする。

■ 素材：桧　　■ 仕上：水性ニス

【全長】350mm【銃身長】240mm【全高】135mm【全幅】42mm【重量】140g

THE ENCYCLOPEDIA OF RUBBER BAND GUNS

単発銃 SINGLE LAUNCHING GUN

068
2008年制作／鈴木幸則・栃木県

HTI8142T_LP

- 装弾数：1発
- 適合装弾：16番
- 発射方式：瞬間解放

レーザーポインタをフレーム内部、銃身の下に埋め込んである。レーザーポインタのスイッチはフレーム中央に空いた穴の中。右手でグリップを握り、左手でフレームを支えながらスイッチを押す。レーザーダイオードが固定されている為、距離により着弾点と照射点のズレを射手が補正する必要がある。手動復帰型の瞬間解放式。

■ 素材：桧、アルミ　　■ 仕上：透明ニス塗装

【全長】275mm 【銃身長】250mm 【全高】140mm 【全幅】21mm 【重量】115g

連発銃 CONTINUOUS LAUNCHING GUN

069
2007年制作／浅野純一・大阪府

アルサー
フラッシュ

- 装弾数：1発
- 適合装弾：16番
- 発射方式：瞬間解放

中間部品の組み込みで、ホールドフックを後方に配置する設計になっている。ホールドフックは絶妙な位置に開けられた軸穴のおかげで、コンパクトなサイズの重量復帰式にもかかわらず、確実に復帰する。構造解説用に左フレームを透明なアクリルにしてある。

■ 素材：桧、アクリル、押しバネ

【全長】321mm 【銃身長】282mm 【全高】120mm 【全幅】20mm 【重量】86g

散弾銃 SHOTGUN

機関銃 MACHINE GUN

050

● THE ENCYCLOPEDIA OF RUBBER BAND GUNS ●

070
2006年制作／柴田将行・東京都

iBASIC α

- 装 弾 数：1 発
- 適合装弾：16 番
- 発射方式：瞬間解放

量産型の重力復帰型瞬間解放銃。直線カットを多用した設計だが、木質によるアクセントや3枚構造のグリップに素材の幅を活かすなどの工夫が見られる。

■ 素材：アガチス、朴、カリン、チーク

【全長】288mm【銃身長】199mm【全高】110mm【全幅】18mm【重量】68g

071
2009年制作／吉中博道・北海道

RFR-014

- 装 弾 数：1 発
- 適合装弾：16 番
- 発射方式：瞬間解放

がっちりしたグリップ、装填のし易さを考慮したグリップ上部のテーブル状のウィング、フェザータッチの引き金等、精密射撃に傾注したモデル。銃身後端に位置するホールドフックは左右に分割され、リアサイトを兼ねている。用心鉄の曲げ加工もすばらしいが、機関部の金属加工に作者の力量を感じる。

■ 素材：各種合板、真鍮、アルミ

【全長】326mm【銃身長】275mm【全高】134mm【全幅】54mm【重量】441g

○ THE ENCYCLOPEDIA OF RUBBER BAND GUNS ○

単発銃 SINGLE LAUNCHING GUN

連発銃 CONTINUOUS LAUNCHING GUN

散弾銃 SHOTGUN

機関銃 MACHINE GUN

072
2010年制作／吉中博道・北海道

RFR-015

- 装弾数：1発
- 適合装弾：16番
- 発射方式：瞬間解放

ゴム銃ならではともいえる構えに合わせて、用心鉄を兼ねたフォアグリップを設けてある。フィットするグリップとの相乗効果で安定感は抜群。銃身先端には長めのホールドピンが設けてあり、オーバンドは銃身の上面にまるで照準線のように装填される。

■ 素材：各種合板、真鍮、アルミ

【全長】355mm【銃身長】315mm【全高】130mm【全幅】58mm【重量】546g

052

● THE ENCYCLOPEDIA OF RUBBER BAND GUNS ●

073
2009年制作／吉中博道・北海道

RFR-013

- 装 弾 数：1発
- 適合装弾：16番
- 発射方式：瞬間解放

単発銃 SINGLE LAUNCHING GUN

連発銃 CONTINUOUS LAUNCHING GUN

散弾銃 SHOTGUN

機関銃 MACHINE GUN

前後にピンフックを採用し、大きなリアサイトを持った射撃銃。カバ材とクルミ材を張り合わせて作った合板を削った為に美しい文様が現れている。リアサイトの間をオーバンドがすり抜けて行くユニークな構造。

■ 素材：シナベニヤ、カバ、クルミ、真鍮、アルミ

【全長】315mm 【銃身長】277mm 【全高】147mm 【全幅】51mm 【重量】485g

053

● THE ENCYCLOPEDIA OF RUBBER BAND GUNS ●

074
2010年制作／柴田将行・東京都

WOLF HOUND 01

- 装弾数：1発
- 適合装弾：16番
- 発射方式：瞬間解放

前後とも1.5ミリのピンフックを採用した精密射撃銃。細く平行線状に装填されたオーバンドは、そのまま照準線となる。その際ピンフックが視線を遮らないよう、フレームの後方の傾斜分にフックが突出している。黒檀で作られた大型のグリップは安定した構えを生み出す。

■ 素材：アガチス、朴、黒檀、桧

【全長】311mm 【銃身長】282mm 【全高】125mm
【全幅】26mm 【重量】153g

075
2010年制作／土屋郁生・愛媛県

RAGING BULL

- 装弾数：1発
- 適合装弾：16番
- 発射方式：瞬間解放

超リアルなスケールモデル。その再現性は驚異的で、それと教えられなければゴム銃とは思えないほど。シリンダーは発射機構とは全く無縁にスイングアウトする。シリンダーは6連発だが、ゴム銃としては単発。

■ 素材：シナベニヤ　■ 仕上：ラッカー

【全長】293mm 【銃身長】218mm 【全高】135mm 【全幅】39mm 【重量】158g

076
年制作／土屋郁生・愛媛県

エアーガン
AP200改

- 装弾数：1発
- 適合装弾：16番
- 発射方式：瞬間解放

BB弾を使うエアガンのスケールモデルをゴム銃で制作。いかにもターゲットモデルというオリジナルを忠実に再現している。もしかしたらグリップは本物よりも高級感があるかもしれない。果たしてその命中精度は？

■ 素材：シナベニヤ、アルミパイプ　　■ 仕上：ラッカー

【全長】423mm 【銃身長】331mm 【全高】135mm 【全幅】57mm 【重量】274g

077

2010年制作／土屋郁生・愛媛県

DESERT EAGLE 50AE

- 装弾数：1発
- 適合装弾：16番
- 発射方式：瞬間解放

かなり精巧なスケールモデル。撃鉄を起こすとホールドフックがスタンバイ状態になる。そこにオーバンドを装填。引き金を引くと撃鉄が倒れて、ホールドフックのストッパーが解除され、発射される。必然性のない撃鉄のコッキングをわざわざ発射に必須な作業としている事に作者の強い拘りを感じる。

■ 素材：シナベニヤ　　■ 仕上：ラッカー

【全長】295mm　【銃身長】216mm　【全高】150mm　【全幅】48mm　【重量】253g

078

2009年制作／佐藤正史・神奈川県

ゲイボルグ02

- 装弾数：1発
- 適合装弾：16番
- 発射方式：瞬間解放

一見シンプルな単発銃だが、随所に工夫が見られる。ゼムクリップを伸ばして作ったピン状のホールドによるシャープな装填、ホールドフックの復帰にはネオジウム磁石を採用。銃身の直下のフレーム奥にレーザーポインタを装備している。

■ 素材：アガチス、杉、桧、松、ゼムクリップ、ネオジウム磁石

【全長】288mm　【銃身長】230mm　【全高】130mm　【全幅】22mm　【重量】93g

● THE ENCYCLOPEDIA OF RUBBER BAND GUNS ●

079
2004年制作／一杉洋之・神奈川県

PPS5 〈Dog Tail〉

- 装弾数：1発
- 適合装弾：16番
- 発射方式：瞬間解放

銃身と機関部を真鍮にして精度を追究した、重力復帰式の瞬間解放銃。フレームは丈夫で狂いの少ないカシの一枚板。これに可動部品を組み込む空間が彫り込んである。外見のシンプルさとは裏腹に、精密射撃に拘る緻密な設計と高度な加工技術が注ぎ込まれている。中村光児所蔵。

- 素材：シラガシ、桧、真鍮、SUSバネ鋼
- 仕上：ウッド・オイル（ナチュラル色）

【全長】260mm 【銃身長】250mm 【全高】132mm 【全幅】10mm 【重量】178g

080
2005年制作／一杉洋之・神奈川県

名称不明

- 装弾数：1発
- 適合装弾：16番
- 発射方式：瞬間解放

スピーディな装填と円滑なリリースを目指して開発されたギアホールド採用の射撃銃。フリーに回転するギアをピニオンギアのストッパーで制御、引き金で解放する瞬間解放式。ホールドがギアなので復帰バネは不要。薄板の5層構造で、引き金と銃身は中心の1枚、用心鉄は3枚、本体とグリップが5枚となっている。発射時に高速で回転するギアの発するジュッという独特の発射音が小気味よい。中村光児所蔵。

- 素材：アガチス、チーク、プラスチックギア
- 仕上：ニス

【全長】321mm 【銃身長】34mm 【全高】134mm 【全幅】19mm 【重量】116g

057

● THE ENCYCLOPEDIA OF RUBBER BAND GUNS ●

081
2008年制作／森 伸夫・愛知県
FMF03

- 装弾数：1発
- 適合装弾：16番
- 発射方式：瞬間解放

映画『ウォンテッド』でアンジェリーナ・ジョリーが愛用していた、カスタムモデルのセミスケールモデル。オーソドックスな重力復帰型の瞬間解放式だが、スライド部分とグリップのMDF材に施された彫刻と色調がすばらしい。

- 素材：桧、MDF板、シナベニヤ、真鍮棒
- 仕上：オイル

【全長】300mm 【銃身長】260mm 【全高】130mm 【全幅】28mm 【重量】146g

082
2009年制作／山本 翔・千葉県
S.H.O. Industry RB-P11

- 装弾数：1発
- 適合装弾：16番
- 発射方式：瞬間解放

堅牢なブナ材で、軽量ながら堅固な作り。グリップ尾部から銃身の下に伸びるパーツは、両手で構える際にフォアグリップとして機能する。

- 素材：ブナ
- 仕上：シリコンオイル

【全長】325mm 【銃身長】250mm 【全高】143mm 【全幅】15mm 【重量】110g

● THE ENCYCLOPEDIA OF RUBBER BAND GUNS ●

083
2009年制作／宮田正隆・茨城県

self-abandonment

- 装弾数：1発
- 適合装弾：16番
- 発射方式：瞬間解放

MDFの肌合いを活かしたサンドペーパー仕上げの瞬間解放式単発銃。腕をいっぱいに伸ばして構えるシングルハンドに向いたグリップの角度と、両手で保持する場合に安定する大きなフォアグリップを兼ね備えている。

- 素材：MDF板、朴、スプリング
- 仕上：#400ペーパー仕上げ

【全長】386mm【銃身長】265mm【全高】129mm【全幅】26mm【重量】224g

084
2009年制作／宮田正隆・茨城県

cavalry-5000 TAM

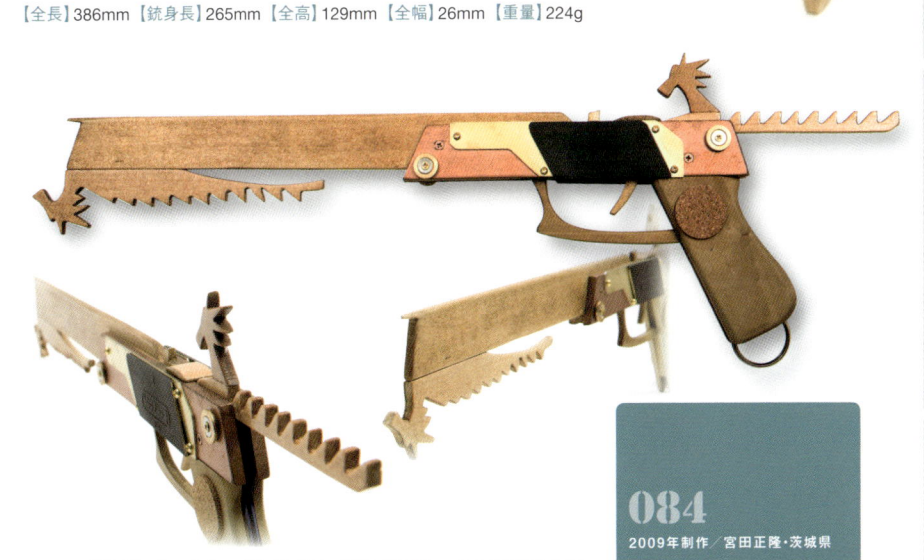

cavalry（騎兵）というネーミングだが、何処の国のいつの時代の兵隊が持つのか？　しかも飾りはタツノオトシゴ。後方の鋸状の装飾がソードブレード式の連発銃のように見えるが、発射機構は瞬間解放の単発。

- 素材：朴、アガチス、コルク、アルニ板、プラ板、真鍮ビス、輪ゴム
- 仕上：油性オイル（ウォールナット）

【全長】460mm【銃身長】326mm【全高】147mm【全幅】21mm【重量】123g

- 装弾数：1発
- 適合装弾：16番
- 発射方式：瞬間解放

単発銃 SINGLE LAUNCHING GUN

連発銃 CONTINUOUS LAUNCHING GUN

散弾銃 SHOTGUN

機関銃 MACHINE GUN

059

085

2009年制作／宮田正隆・茨城県

carriage-1000 Little Hand Gun

- 装弾数：1発
- 適合装弾：16番
- 発射方式：瞬間解放

高さのある銃身と用心鉄に付けられた可動式レバー状のフォアグリップが特長。シンプルな瞬間解放式単発銃という競技銃の性格を持ちながらファンタジックなデザイン。

- 素材：朴、アガチス、桧、ケミカルウッド、コルク、真鍮ピン
- 仕上：ウレタン（グレー）塗装、透明ジェルニス

【全長】488mm 【銃身長】296mm 【全高】151mm 【全幅】27mm 【重量】282g

グリップを全長の中心に配したミッドシップバランスの単発銃。引き金の後方に長いシア（中間部品）を設け、発射機構を最後端に持ってくる事に成功している。ホールドフックの復帰は重力式。緻密な設計と丁寧な仕上げで完成度が高い。

- 素材：アガチス、朴、黒檀、つまようじ
- 仕上：ウレタンラッカー（黒艶消し）

【全長】290mm 【銃身長】260mm 【全高】119mm 【全幅】20mm 【重量】130g

086

2009年制作／宮田正隆・茨城県

M38TA easy Ⅶ－Ⅲ GF

- 装弾数：1発
- 適合装弾：16番
- 発射方式：瞬間解放

087

2003年制作／荒木 徹・鹿児島県

B304
BROWNING

- 装弾数：1発
- 適合装弾：16番
- 発射方式：瞬間解放

ブローニング社の大型自動拳銃のセミスケールモデル。撃鉄がホールドフックになっており、コッキング状態で装填し、引き金を引くと撃鉄が落ちながらオーバンドがリリースされる。衝撃のかかる撃鉄にはアルミを採用。実用には無縁だが、この撃鉄の当たる銃身後端部分に紙火薬をセットしておけば、発射と同時に発射音も出るとか……。

- 素材：合板、ケヤキ、アガチス、アルミ

【全長】270mm【銃身長】255mm【全高】116mm【全幅】27mm【重量】169g

088

2003年制作／荒木 徹・鹿児島県

B30807 FM
MASSPRO

- 装弾数：1発
- 適合装弾：16番
- 発射方式：瞬間解放

次々に斬新なモデルを作り続けるこの作者には珍しい量産型モデル。量産型といいつつも引き金や用心鉄の形状を見ると、手を抜いていない事が分かる。その丁寧な造形にプロの仏具職人が漆を載せた。カメラマン泣かせの鏡面のような仕上がりが、量産モデルをお殿様に献上できそうな逸品に格上げしている。

- 素材：桧、アクリル　仕上：漆

【全長】335mm【銃身長】257mm【全高】140mm【全幅】19mm【重量】100g

- 装弾数：1発
- 適合装弾：16番
- 発射方式：瞬間解放

メインフレームや銃身に鉄材を使い、シャープなスタイルにまとめあげられた競技銃。小振りなフォアグリップとグリップにはケヤキ材を使っている。引き金のスプリングには自動車のワイパーゴムの芯に入っている鋼材を使用。ホールドフック上部に照準用の刻みが付けてある。

■ 素材：鉄材、ケヤキ

【全長】370mm 【銃身長】270mm 【全高】110mm 【全幅】20mm 【重量】142g

089
2004年制作／荒木 徹・鹿児島県

B40206
マリン

090
2004年制作／荒木 徹・鹿児島県

B41001
Fullmark 3M

- 装弾数：1発
- 適合装弾：16番
- 発射方式：瞬間解放

シンプルな瞬間解放の単発銃だが、細部に様々な工夫が見られる。まずは銃身。先端部が三層になっており、中心の一枚は蛍光イエローのアクリル板。外光を受けるとまるで点灯しているように光って見える。引き金には滑り止めの突起があり、ホールドフックにはサンドペーパーが貼ってある。ホールドフック上でオーバンドが滑る事なく、ひねられる事で弾道が安定するという。

■ 素材：桧、アクリル

【全長】320mm 【銃身長】255mm 【全高】137mm 【全幅】18mm 【重量】73g

● THE ENCYCLOPEDIA OF RUBBER BAND GUNS ●

091
2004年制作／荒木 徹・鹿児島県

B40402
S・LOADER

- 装弾数：1発
- 適合装弾：16番
- 発射方式：瞬間解放

スナブノーズ拳銃のような握り易いグリップとスマートな銃身、大きな三角のフォアグリップが特長的。しかし、この外観に勝るユニークさが発射方式。ホールドフックに装填後、わざわざ撃鉄を起こし、シングルアクションで発射する。撃鉄でホールドフックを叩くというゴム銃には不要な仕組みだが、それを実現させる為の試行錯誤と技巧を楽しんでいる。撃鉄のパワーには板バネを採用。

■ 素材：合板、アガチス

【全長】370mm 【銃身長】250mm 【全高】132mm 【全幅】33mm 【重量】150g

092
2005年制作／荒木 徹・鹿児島県

B50502
FM V-3

- 装弾数：1発
- 適合装弾：16番
- 発射方式：瞬間解放

コインペンドラムに特化した競技銃。誤装填の発生を抑える為、フック周辺の形状に工夫が見られる。瞬間的な照準合わせを考慮して立体的なサイトを排除している。独特な短いグリップとフックの位置など、競技に臨むには取り扱いに習熟を要すると思われる。

■ 素材：桧、ケヤキ

【全長】300mm 【銃身長】180mm 【全高】119mm
【全幅】28mm 【重量】125g

単発銃 SINGLE LAUNCHING GUN

連発銃 CONTINUOUS LAUNCHING GUN

散弾銃 SHOTGUN

機関銃 MACHINE GUN

063

093
2005年制作／荒木 徹・鹿児島県

B50109
Super FM B

- 装弾数：1発
- 適合装弾：16番
- 発射方式：瞬間解放

塗装のはがれ具合に使い込んだ様子が窺える。独自の理論で、小指によるホールドを廃したグリップがユニーク。照準にはホールドフックのピンと、銃身上面に埋め込んだ真鍮棒を用いるが、スナップショットの場合は、左フレームに記された緑と赤の蛍光色のマークを使う。

■ 素材：桧、アガチス

【全長】310mm 【銃身長】285mm 【全高】119mm 【全幅】18mm 【重量】71g

094
2005年制作／荒木 徹・鹿児島県

B50503
CP-FM

- 装弾数：1発
- 適合装弾：16番
- 発射方式：瞬間解放

長いノーズと大きなホールドフックが特長。これは高速な装填を要求するコインペンドラム競技を意識したもので、ホールドフック後部のフレームを大きく窪ませているのも同様の配慮から。更にノーズの付け根にリング状の誤装填防止用のリングが設けてあり、オーバンドが銃身に通ってしまうのを防いでいる。

■ 素材：桧、ラミン

【全長】315mm 【銃身長】210mm 【全高】20mm 【全幅】135mm 【重量】90g

095
2006年制作／荒木 徹・鹿児島県

B066012
FM-SSS-L

- 装 弾 数：1発
- 適合装弾：16番
- 発射方式：瞬間解放

水平移動するシアを組み込む事で、ホールドフックを後方に持ってくる事に成功している。前後ともピンフックを採用したオーソドックスな射撃銃だが、レーザーポインタを装着してあるのが目を引く。この市販のレーザーポインタには水平儀も内蔵してあるが、ゴム銃の射撃では不要だろう。

■ 素材：桧

【全長】250mm 【銃身長】220mm 【全高】130mm 【全幅】22mm 【重量】215g

096
2006年制作／荒木 徹・鹿児島県

B066012
FM-SSS-L

- 装 弾 数：1発
- 適合装弾：16番
- 発射方式：瞬間解放

一見シンプルな瞬間解放式の単発に見えるが、フレームの後端に注目されたい。このネジを回す事で、ホールドフックの発射時の傾斜角を調整できる。ホールドフックは、発射弾により完全にフリーに倒れるよりも一定の高さで止まり、いつも同じ角度で発射されるのが弾道を安定させる事に注目した結果だ。並行な板状のグリップで材料を節約した事をグリップフレームの軟らかなラインでカバーしている。

■ 素材：桧、ケヤキ

【全長】260mm 【銃身長】230mm 【全高】175mm 【全幅】22mm 【重量】118g

097

2006年制作／荒木 徹・鹿児島県

B060101
Woodman T

- 装弾数：1発
- 適合装弾：16番
- 発射方式：瞬間解放

コルトウッズマンのセミスケールモデル。シンプルなターゲットモデルのようだが、機関部はかなり凝っている。引き金の腹の辺りでボタン状の突起が押され、これがストッパーを動かしてホールドフックを解除するという複雑な構造。堅いケヤキのグリップに丁寧な手彫りのチェッカリングが施されている。

■ 素材：合板、ケヤキ、真鍮

【全長】270mm 【銃身長】220mm 【全高】123mm 【全幅】25mm 【重量】160g

098

2006年制作／荒木 徹・鹿児島県

B06605 FM-G 5M

- 装弾数：1発
- 適合装弾：16番
- 発射方式：瞬間解放

長めの銃身と奇妙な形状のグリップが特長。引き金を操作する右手に余計な力が入らぬよう、中指だけでホールドするという大胆な発想。長い銃身の付け根辺りを左手でホールドする両手保持が必須だが、フェザータッチの瞬間解放機構ならではの工夫。

■ 素材：桧、ケヤキ

【全長】360mm 【銃身長】320mm 【全高】110mm 【全幅】19mm 【重量】69g

099
2010年制作／荒木 徹・鹿児島県

B100421
Super FM 2010

- 装 弾 数：1発
- 適合装弾：16 番
- 発射方式：瞬間解放

全面的にブナ材を使用。堅く目の詰まったブナは、摩耗も少なく可動部品にも向いている。ウォールナットとのコントラストが美しい。銃身の途中にはめ込んだウォールナットは、微妙に銃身より盛り上がり、オーバンドの摩擦を軽減している。

■ 素材：ブナ、ウォールナット

【全長】290mm 【銃身長】270mm 【全高】135mm 【全幅】19mm 【重量】121g

100
2010年制作／荒木 徹・鹿児島県

B100410
FM-S Game

- 装 弾 数：1発
- 適合装弾：16 番
- 発射方式：瞬間解放

ウォールナットの銃身は摩擦抵抗を考慮して緩やかに面取りしてある。ホールドフックは重量復帰式だが、手動補助用に滑り止めの刻みが付けてある。複雑でユニークなモデルを大量に作ってきた作者が行き着いた終着点なのか、まだまだ過渡期の一作なのか。

■ 素材：ブナ、ウォールナット

【全長】250mm 【銃身長】220mm 【全高】139mm 【全幅】19mm 【重量】128g

単発銃 SINGLE LAUNCHING GUN

101
2010年制作／荒木 徹・鹿児島県

B10401 FM-SSS BUNA

- 装 弾 数：1発
- 適合装弾：16番
- 発射方式：瞬間解放

オーソドックスなスタイルと、ピンフックによる精度の高さを誇るシンプルなモデルだが、本体は堅牢なブナ材で、グリップには高級素材のダケカンバを使用している。

■ 素材：ブナ、ダケカンバ

【全長】250mm 【銃身長】215mm 【全高】120mm 【全幅】28mm 【重量】140g

102
2010年制作／荒木 徹・鹿児島県

B10491 FM-R

- 装 弾 数：1発
- 適合装弾：16番
- 発射方式：瞬間解放

ホールドフックを最後端に設置する為に、引き金と連動する解除ロッドをフレームのサイドに配置してある。アクリル板はその抑えの役割をしている。全長をほぼ銃身として使える為、コンパクトだが威力は確保されている。ピンフックの採用で弾道はシャープ。

■ 素材：ブナ、ウォールナット、アクリル板
■ 仕上：オイル

【全長】260mm 【銃身長】230mm 【全高】130mm 【全幅】20mm 【重量】150g

● THE ENCYCLOPEDIA OF RUBBER BAND GUNS ●

103
2009年制作／新妻一樹・東京都

グリフォン

- 装弾数：1発
- 適合装弾：16番
- 発射方式：瞬間解放

軽量のアルミ材と削り込んだMDF（集積材）のグリップが特長。トリガーを半引きすると発光する、レーザーサイトを内蔵した精密射撃銃。信頼度の高いレーザーサイトにより、腰だめでの射撃も可能。

■ 素材：アルミ平板、アルミ型材、ステンレス平板、MDF板

【全長】375mm 【銃身長】275mm 【全高】130mm 【全幅】45mm 【重量】475g

069

104

2010年制作／新妻一樹・東京都

パンサー

- 装弾数：1発
- 適合装弾：16番
- 発射方式：瞬間解放

引き金を引くと装填していたオーバンドの収縮力で、銃身を挟んだスライドが後退する。その動きでホールドフックが前傾してリリースするユニークな構造。オーバンドの発射と同時にスライドは解放され、内蔵されたバネの力で元の位置に前進する。スライド距離は僅かに15ミリ程度だが見た目のアクション、手元に来る衝撃ともマニアック。

■ 素材：アルミ平板、MDF板

【全長】275mm 【銃身長】230mm 【全高】140mm 【全幅】33mm 【重量】410g

105

2010年制作／新妻一樹・東京都

ベルクート

- 装弾数：1発
- 適合装弾：16番
- 発射方式：瞬間解放

銃身に1.5ミリ厚のステンレスを使ったシャープなデザインの競技銃。重力復帰式のホールドフックは確実な復帰を実現する為、テールを長くとってある。ホールドフックの軸に付いている大きな丸い部品は滑車で、装填時のオーバンドの摩擦抵抗を極限まで軽減している。

■ 素材：アルミ平板、アルミ型材、ステンレス平板、MDF板

【全長】325mm 【銃身長】240mm 【全高】110mm 【全幅】36mm 【重量】391g

106

2009年製作／新妻一樹・東京都

ジャッカル Mk-II

- 装 弾 数：1発
- 適合装弾：16番
- 発射方式：瞬間解放

可倒式フォアグリップを備えたスマートな量産型競技銃。重力復帰式のホールドフックを採用した瞬間解放式。ホールドフックの後端が長く確実に復帰する。このモデルを量産型と位置づける作者の技量と生産効率に驚かされる。

■ 素材：アルミ平板、MDFパネル

【全長】280mm 【銃身長】225mm 【全高】125mm 【全幅】28mm 【重量】261g

107

2003年製作／笹野 潔・北海道

PPK/M-FRII

- 装 弾 数：1発
- 適合装弾：16番
- 発射方式：瞬間解放

コンピュータ（CAD）で設計したものをモデラー（CNC）で切り出した逸品。加工精度が高く、ネジ穴や部品のずれがない為に、交換銃身や予備部品の調整が不要。ホールドフックの復帰には重力復帰を採用。蚊、ハエ、ゴキブリ、セミと獲物に応じ S、M、L、LL の4タイプの替え銃身が用意されている。競技では静標的にはL、動標的にはMを使う。オリジナルはABS樹脂で作られたが、アクリルや木材を使ったバリエーションも作られている。

■ 素材：アクリル板（5mm厚、色：白、透明）

【全長】230mm（最大：365mm／最小：175mm） 【銃身長】205mm（最大：340mm／最小：150mm） 【全高】120mm

● THE ENCYCLOPEDIA OF RUBBER BAND GUNS ●

108
2004年制作／石田豊文・新潟県

P-38 ロングバレル

- 装弾数：1発
- 適合装弾：16番
- 発射方式：瞬間解放

スケールモデルでありながら精密射撃も可能にする為、瞬間解放機構を採用している。本物のワルサーP38より銃身が24ミリ長く、オーバンドのパワーを引き出す実用性も兼ね備えている。射撃時には弾道の跳ね上がりを抑制する為にピアノ線の誘導装置を装着。小川章氏所蔵。

- 素材：材質本体ベニヤ、グリップ、ケヤキ
- 仕上：本体　黒艶漆仕上げ、グリップ拭き漆

【全長】270mm【銃身長】240mm【全高】138mm【全幅】35mm【重量】216g

109
2010年制作／冨永漠介・東京都

VTF1004

外観は木製のシンプルな単発銃に見えるが、ホールドフックの復帰にネオジウム磁石を用い、銃身内部に照準用のレーザー発光モジュールが埋め込まれている。電源に単4電池2本を使っているが、この重量が、がっちりしたグリップと共に安定をもたらしている。レーザーモジュールの光軸の偏向を内蔵時に完璧に調整してある。発光部がフロントフックの直近なので、距離による照準線と弾道の誤差か僅少。

- 素材：ブナ、サティーネ 6mm、厚塩ビ板 3mm、ステン丸棒 2mm、真鍮釘、板バネ、ネオジウム磁石、赤色レーザー発光モジュール、単4電池2個、リミットSW
- 仕上：ワトコオイル

- 装弾数：発
- 適合装弾：番
- 発射方式：瞬間解放

【全長】356mm【銃身長】303mm【全高】134mm【全幅】31mm【重量】327g

073

110
2005年制作／荒木 徹・鹿児島県

B50205
FM-5M

- 装弾数：1発
- 適合装弾：16番
- 発射方式：瞬間解放

公式競技の一つ、コインペンドラムに特化した競技銃。右利き用の銃であるが、右利きの選手が迅速な装填をする場合に左手で銃を保持、器用な右手で装填する方が早く確実ではないかという発想で作られた、右側面に銃身のある横掛け銃。フロントホールドのピンは銃身の右角に設けてあり、オーバンドが早期に水平のリング状に戻るように考慮されている。中指中心の力の配分でしっかりしたグリッピングを得ようと、グリップの小指の掛かる部分は削り落としてある。

■ 素材：桧、ケヤキ

【全長】210mm【銃身長】190mm【全高】124mm【全幅】24mm【重量】100g

111
2006年制作／荒木 徹・鹿児島県

B06510
CP-B10

- 装弾数：1発
- 適合装弾：16番
- 発射方式：瞬間解放

ホールドフックを組み込んだ機関部がユニット化されており、着脱が可能。航空母艦の甲板のようなアルミの天板を上げて、ユニットを左右に倒すと横掛け銃に早変わりする。引き金には、水平に後退する切り口が真四角なロッドが連動しており、ホールドユニットの向きに関わらず確実に解放する。それぞれのタイプを作る方が早いほど作業が早い作者だが、それ以上にユニークな構造への拘りが強いようだ。

■ 素材：桧、アルミ材

【全長】185mm【銃身長】最大：160mm／最小：150mm【全高】133mm
【全幅】22mm【重量】124g

● THE ENCYCLOPEDIA OF RUBBER BAND GUNS ●

112
2006年制作／荒木 徹・鹿児島県

B06511
FM-S-CP-B11

- 装弾数：1発
- 適合装弾：16番
- 発射方式：瞬間解放

1挺に銃身が2カ所ある変わり種のモデル。フレーム上面の長い銃身は静標的用、左側面の銃身は動標的用の横掛けである。引き金は共用で、通常は競技に合わせていずれか一方を使うが、構造的には2発同時に発射する事も可能。競技別の専用化が進む中にあっては珍しいオールラウンダー。

■ 素材：桧、ケヤキ

【全長】260mm【銃身長】最大：220mm／最小：175mm【全高】124mm【全幅】20mm【重量】95g

がっちりしたターゲットグリップを持つコインペンドラム専用、横掛け銃。アルミの六角柱2本にアルミ板2枚を渡して機関部の入る空間を作ってある。ホールドフックが後方に設計されている為、横掛け銃にしては銃身長が長く、初速が早く、オーバンドのリング状への復活がやや不十分な感がある。

■ 素材：アガチス、朴、真鍮、アルミ

【全長】245mm【銃身長】181mm【全高】136mm【全幅】53mm【重量】225g

113
2007年制作／吉中博道・北海道

RFR-010

- 装弾数：1発
- 適合装弾：16番
- 発射方式：瞬間解放

単発銃 SINGLE LAUNCHING GUN

連発銃 CONTINUOUS LAUNCHING GUN

散弾銃 SHOTGUN

機関銃 MACHINE GUN

075

○ THE ENCYCLOPEDIA OF RUBBER BAND GUNS ○

114
2007年制作／柴田将行・東京都

究極のフェザータッチ

- 装弾数：1発
- 適合装弾：16番
- 発射方式：瞬間解放

何しろ小さい。銃身長7センチと16番の折径の1.4倍しかない。最大到達距離でも3メートル程度。その名のごとく引き金も的へのタッチも非常に軽い。コインペンドラム競技で高速装填とターゲットを揺らさない効果は抜群だが、オーバンドの強弱、装填作業のムラなどにより弾道に誤差が生じ易い。オーバンドが疲弊していると発射不能になる事もある。

■ 素材：朴、チーク、ウエンジュ、パドック

【全長】145mm 【銃身長】87mm 【全高】125mm 【全幅】40mm 【重量】114g

115
2008年制作／中村光児・東京都

SRBG2008 Hunter's CP

- 装弾数：1発
- 適合装弾：16番
- 発射方式：瞬間解放

高速装填と発射弾の水平なリング状の飛翔を期待して作られた横掛け銃。装填ミスを減ずる為に長いピン型のフロントフックを採用し、リアフックも銃を握っている利き手が邪魔にならないよう、グリップより前方に来るように設計されている。延長に標的を載せて狙うと、標的のやや上に照準されるように上面を前傾させてある。

■ 素材：桧、ナラ、朴、真鍮ピン   ■ 仕上：油性ウレタンニス

【全長】290mm 【銃身長】133mm 【全高】135mm 【全幅】32mm 【重量】148g

116
2009年制作／内田保男・愛知県
UGT-08Y

- 装弾数：1発
- 適合装弾：16番
- 発射方式：瞬間解放

コインペンドラム競技用に開発された横掛け型の競技銃。銃身とフレームの色にコントラストを付けて瞬間的な照準を助けている。横掛け銃ではフレーム面にオーバンドを密着させるモデルが多いが、このモデルでは、板状の少々長めの銃身が突出している。

- 素材：ケヤキ、チーク、竹軸、皿木ネジ、ステンレスバネ線
- 仕上：オイル

【全長】245mm 【銃身長】245mm 【全高】107mm 【全幅】30mm 【重量】93g

117
2009年制作／森 伸夫・愛知県
FMF02

- 装弾数：1発
- 適合装弾：16番
- 発射方式：瞬間解放

コンパクトにまとめられた横掛け式のコインペンドラム銃。グリップが小さくスッポリと手のひらに収まってしまう。フレーム最後端に配置されたホールドフックの位置により小型化が実現されているが、装填時に右手の親指の付け根がやや邪魔か。造形も仕上げも丁寧でかわいらしい印象。

- 素材：ラミン、チーク ■ 仕上：オイル

【全長】220mm 【銃身長】170mm 【全高】110mm 【全幅】26mm 【重量】108g

単発銃 SINGLE LAUNCHING GUN

118
2010年制作／西福元 寛・鹿児島県

isa.special sports 45

- 装 弾 数：1発
- 適合装弾：16番
- 発射方式：瞬間解放

銃身に対し、ホールド面が45°傾いているユニークな設計。これによりV字型の照準装置を配する事に成功している。可変バランサーを内蔵する事で射手の好みに合わせてバランスがコントロールできる。

- 素材：スチール、アルミ、木材
- 仕上：水性ステン、水性ニス数回塗り

【全長】385mm 【銃身長】305mm 【全高】190mm 【全幅】45mm 【重量】820g

119
2009年制作／中村光児・東京都

MASSPRO CP2009FR

- 装弾数：1発
- 適合装弾：16番
- 発射方式：瞬間解放

SRBG2008 Hunter's CP をベースに、公式競技のコインペンドラム用貸出銃として開発された量産型横掛け銃。片面のフレームに機関部を組み込み、装填側に板を貼り付けた簡単な構造。裏面は機関部が露出しており、牽引ゴムの交換等のメンテナンスが容易。この貸出銃の登場で、初心者の動標的競技の成績がかなり向上した。

- 素材：桧、ナラ、朴、アルミ板、オーバンド16番2本

【全長】240mm 【銃身長】112mm 【全高】134mm 【全幅】28mm 【重量】70g

120
2010年制作／鈴木直弥・東京都

黒 動ノ型
（くろ どうのかた）

高級木材である黒檀で作られた動標的専用の競技銃。全く無駄のない簡素な横掛け銃だが、厚みと重量、そして素材が存在感を主張する。弾道調整の為、銃身先端のホールドピンは、後方のホールドフックよりやや高めに設計されている。

- 素材：黒檀、スプリングピン、黒ゴム、木ネジ、アルミ丸棒（3mm）
- 仕上：紙ヤスリ（#600）

【全長】280mm 【銃身長】150mm 【全高】150mm 【全幅】30mm 【重量】330g

- 装弾数：1発
- 適合装弾：16番
- 発射方式：瞬間解放

THE ENCYCLOPEDIA OF RUBBER BAND GUNS

- 装弾数：1発
- 適合装弾：16番
- 発射方式：瞬間解放

121
2010年制作／柴田将行・東京都

WOLF HOUND 02

左右両用の横掛け銃。コインペンデュラム競技の高速なスナップショットに合わせて、大きなフロントサイトがフレーム先端に突出している。フレーム後端のリアサイトは可変式。ホールドフックは握った親指の付け根の上に来るが、グリップとのクリアランスがあるので、装填の妨げにならない。

■ 素材：アガチス、朴、黒檀、桧

【全長】227mm 【銃身長】152mm 【全高】143mm 【全幅】35mm 【重量】153g

122
2009年制作／新妻一樹・東京都

ファルコン Si-X

フレームや銃身はアルミ、機関部のみステンレスを使った軽量の横掛け銃。フレーム先端には蛍光アクリルのサイトが付いている。無駄のない設計による機能美が光る。フィット感のある厚手のグリップも信頼できそうだが、高速装填時に若干邪魔な印象がある。

■ 素材：アルミ平板、ステンレス平板、MDF板

【全長】240mm 【銃身長】150mm 【全高】150mm 【全幅】40mm 【重量】260g

- 装弾数：1発
- 適合装弾：16番
- 発射方式：瞬間解放

123
2010年制作／冨永漠介・東京都

VTF0911

コインペンドラム競技専用の横掛け式単発銃。左右対称のホールドフックの復帰にネオジウム磁石を使い、左右共用を実現している。重量のある素材とホールドフックの位置が非常に良いバランスで、高速の装填と安定した射撃に貢献している。

- 素材：木材、塩ビ板、ステン丸棒、真鍮釘、板バネ、ネオジウム磁石
- 仕上：ワトコオイル

【全長】230mm 【銃身長】152mm 【全高】120mm 【全幅】28mm 【重量】169g

- 装弾数：1発
- 適合装弾：16番
- 発射方式：瞬間解放

124
2010年制作／浅野純一・大阪府

アルサーCP サイド

- 装弾数：1発
- 適合装弾：16番
- 発射方式：瞬間解放

厚めのゴム材のメインフレームに大きめのホールドフックを組み込んだ瞬間解放式の横掛け銃。引き戻し用バネとホールドフックの付け根は右側面に露出しているが、二枚の板でガードされている。機能に影響しない上面にコインペンドラム競技での速射用に大きな照準装置を設けてある。

- 素材：桧、ゴムの木、アルミT字金具、木ネジ、合板、引きバネ、押しバネ
- 仕上：クリアラッカー

【全長】288mm 【銃身長】183mm 【全高】143mm 【全幅】35mm 【重量】174g

THE ENCYCLOPEDIA OF RUBBER BAND GUNS

- 装弾数：1発
- 適合装弾：16番
- 発射方式：瞬間解放

高級素材と堅牢なアルミで作られたコインペンドラム専用銃。このタイプとしてはやや長めの185mmの銃身。上面中央には照準補助の為に、コントラストが際立つラインと、低い照星が設けられている。スピーディな装填を補助するノーズの長いフロントフックも特長。村上英俊氏所蔵。

■ 素材：黒檀、トチ（墨流し杢）、桧、シナベニヤ、アルミ 3mm・10mm

【全長】310mm 【銃身長】185mm 【全高】145mm 【全幅】33mm 【重量】289g

125
2010年制作／浅野純一・大阪府
CP白牛スペシャル

126
2007年制作／浅野純一・大阪府
アルサークリップ

- 装弾数：1発
- 適合装弾：16番
- 発射方式：圧力解放式

フレーム用のコの字型アルミ素材と、洗濯バサミを巧みに応用したユニークな1挺。引き金を引くと洗濯バサミ内部に貫通した針金が洗濯バサミの口をこじ開け、挟んであったオーバンドをリリースする。

■ 素材：アルミ、木材、合板、木製洗濯バサミ

【全長】359mm 【銃身長】280mm 【全高】132mm 【全幅】20mm 【重量】78g

● THE ENCYCLOPEDIA OF RUBBER BAND GUNS ●

127
2009年制作／柴田延弥・愛知県
OWL

- 装弾数：1発
- 適合装弾：16番
- 発射方式：瞬間解放

スタイル抜群のライフル型単発銃。機関部を後方に配置して全長を短くする工夫が盛んな中、あえてホールドフックを前方に配置している。こうする事で全長の長いモデルにも関わらず、標準的な16番のオーバンドが使用できる。スコープマウントには、オーバンドで天体望遠鏡から拝借したファインダーが取り付けてある。ゴム銃の有効射程にはピント合わせがちょっと厳しいが、デザイン的には様になっている。

■ 素材：アガチス、ラミン、朴、桧、黒檀、桜、竹、（バイポッド、リアルカタ檜、竹）

【全長】783mm 【銃身長】330mm 【全高】最大：212mm／最小：139mm
【全幅】最大：149mm／最小：33mm 【重量】最大：340g／最小：300g

片掛けの発見

　ゴム銃に輪ゴムを装填するとリング状の輪ゴムが伸ばされるので、概ね銃身からホールドフックに向かって2本の平行線を描いてセットされます。銃身の前後どちらから先に掛けるにしても普通は輪ゴムの左右の伸びは、ほぼ同じです。ただ利き手や手つき、構造の関係で微妙に不均衡が起こる事は容易に想像できます。ゴムはほとんどの素材に対して滑りませんので、装填操作で不均等になってしまったものは自然に均等になる事は期待できません。競技の黎明期、命中率を競う選手達は、この微妙な不均等が発射後の弾道に影響すると考えました。きつく張られた側が先行して弾道が偏向すると考えられたのです。丁寧に左右均等に伸ばして装填できるように練習したり、フックの部分に自由に回転する滑車を用いる等の工夫も凝らされました。実際には滑車は圧力を掛けられると思ったほど自由には回りませんが、とにもかくにも均等な装填が重要と信じられていた事は確かです。

　ところがある時、日本ゴム銃射撃協会大阪府支部長で、理事の一人でもある小川勇二さんが、左右を極端に不均等に装填する方法で驚異的な成績を上げた事で、均等信奉は崩れ去りました。この左右均等な掛け方は、間もなく「片掛け」と命名され、選手の間で急速に普及していきました。発射時の輪ゴムの変化は、高速で瞬間的なのでどういう現象が起こっているのかは、肉眼で見極める事はできませんでしたが、高速で発射され直進性も良い事は誰しもすぐに体験できました。片掛けの効果を最大限に引き出せる銃身の長さも研究されました。長過ぎると左右の伸長の差が出ませんし、短過ぎると速度がでません。16番のオーバンドで概ね25〜30センチが良いとされています。その後、片掛けの輪ゴムの動きは、テレビ番組で取材された際に高速度カメラを使ったスローモーションで解明されました。左右均等に掛けられた輪ゴムは銃身を離れる時、輪ゴムの後端が先端部を追い越し、前後が入れ替わります。一方片掛けでは輪ゴムの後端が銃身先端に近づいた時に先端のリリースが始まり、前後の入れ替わりが起こりません。強く伸ばされていた側が前進、伸びていなかった側が後退する方向で、キャタピラのように細長い楕円の形状で回転しているのです。これにより前後の入れ替わりや、形状復帰時に起こる弾道の偏向が起こりにくくなり、命中精度の向上に貢献する事になるのです。

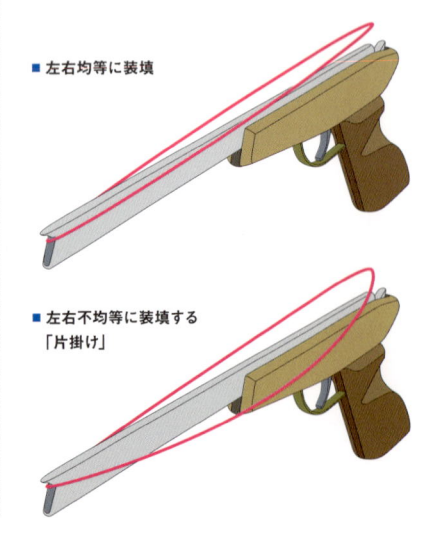

■ 左右均等に装填

■ 左右不均等に装填する「片掛け」

# THE ENCYCLOPEDIA OF RUBBER BAND GUNS

② 連発銃

CONTINUOUS LAUNCHING GUN

- Capacity: 13 rounds
- Bullet: #16
- Launching System: compulsion release

- Overall Length: 380 mm
- Barrel Length: max 290 mm / min 200 mm
- Overall Height: 161 mm
- Width: 24 mm
- Weight: 125 g

ゴム銃大図鑑
THE ENCYCLOPEDIA OF RUBBER BAND GUNS

● THE ENCYCLOPEDIA OF RUBBER BAND GUNS ●

001
2009年制作／宇城 浩・兵庫県
WGK 1

- 装弾数：5発
- 適合装弾：16番
- 発射方式：強制滑射（可動リリーサ）

引き金のない手動式連発銃。後方に突き出た突出部をフレームから抜き取るように後方に引くと、先端のリリーサによって次々に装弾が射出される。ホールドフックは左右のフレームに等間隔に刻まれた窪み。

■ 素材：割り箸、タコ糸

【全長】最大：485mm／最小：410mm 【銃身長】最大：288mm／最小：235mm
【全高】195mm 【全幅】24mm 【重量】58g

002
2002年制作／笹野 潔・北海道
LEGO02改

- 装弾数：20発
- 適合装弾：16番
- 発射方式：傾斜滑射

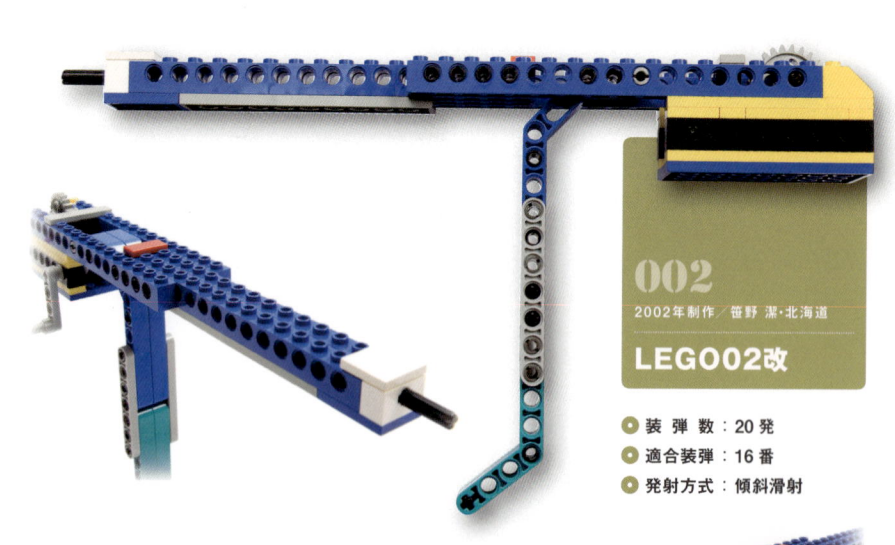

全てレゴだけで作られたユニークな連発銃。ハンドルを回すことで連続発射できる。ハンドルの1回転で正確にギアが1回転する絶妙の設計。本来機関銃に分類すべきだが、連射速度が緩やかなので連発銃の範疇とした。

■ 素材：レゴ（主にMindStorms RISの部品）

【全長】275mm 【銃身長】210mm 【全高】142mm 【全幅】52mm 【重量】90g

003

2008年制作／小川勇二・大阪府

P607 B-ARM SIMPLE VERSION

グリップを木材にしただけの割り箸ゴム銃と侮ってはいけない。ごっついコの字型ホールドグルーブが、5本の装填を想定している。グリップ上に突き出る突起と、引き金の回転軸の延長が左に飛び出しているのがこのモデルの秘密。通常に装填した後、2本目はホールドフックから後ろへ。グリップ上の突起を回って左の回転軸に掛ける。この装填を繰り返し、5本目の発射弾を掛けたら準備OK。引き金を引いて1発発射、引き金を戻すと2本目を抑えていた後ろに回わされたオーバンドが薬莢のように左へ、2発目がスタンバイ。

■ 素材：桧、竹串

【全長】360mm 【銃身長】210mm 【全高】125mm 【全幅】18mm 【重量】30g

- 装弾数：5発
- 適合装弾：16番
- 発射方式：傾斜滑射

004

2008年制作／小川勇二・大阪府

P606サスケ

- 装弾数：2発
- 適合装弾：16番
- 発射方式：傾斜滑射

引き金の前後運動に連れてスラローム状のホールドをオーバンドが進んで行く、ユニークな発射方式。スラロームをひょいひょい渡って行く様子からサスケと命名。引き金のストッパーを兼ねる用心鉄、細いボディ、裾広がりのグリップなど造形的にも非常に洒落ている。

■ 素材：桧（フレーム及びバレル）、ブナ（グリップ）、シナベニヤ（トリガー及びトリガーガード）、ヒートン　■ 仕上：ワトコオイル

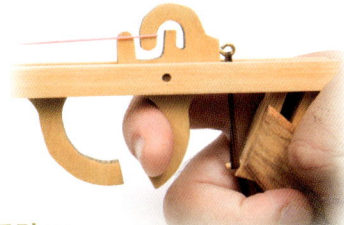

【全長】395mm 【銃身長】275mm 【全高】130mm 【全幅】16mm 【重量】40g

087

005
2008年制作／小川勇二・大阪府

P602 NASBIE

- 装 弾 数：2発
- 適合装弾：16番
- 発射方式：傾斜滑射

ナス型のグリップとリング状の引き金がファンタジックな印象。その上、二つのリリース方式を利用したユニークな連発に注目されたい。直接のリリースは傾斜滑射式だが、その後方に控えている次弾は、発射時の引き金の動きで、引き金の後方の部分で稼動リリーサ型の強制滑射により、待機位置まで前進する。引き金を戻すと待機位置にあったオーバンドは、引き金のホールド部に移動し、スタンバイ完了となる。

■ 素材：桧、ラミン、ブナ　　■ 仕上：クリアラッカー

【全長】365mm 【銃身長】270mm 【全高】140mm 【全幅】20mm 【重量】75g

006
2008年制作／小川勇二・大阪府

P603 TOMALIANSE

変哲のない2段式の傾斜滑射式に見えるが、撃ってびっくり。上下二段に装填したオーバンドは仲良くホールドフックを滑ろうとするが、上下の間に意地悪なつまようじがにょっきり。2発目の行く手を阻んでとまりゃんせ！　初弾を放って引き金が戻されると、つまようじは用済みとばかり身を引いて2発目に道を明ける。艶やかなケヤキのグリップ。竹の用心鉄がちょっと和風なイメージ。

■ 素材：桧、ラミン、ケヤキ、竹、つまようじ、コイルスプリング、ピアノ線
■ 仕上：クリアラッカー

【全長】375mm 【銃身長】270mm 【全高】123mm 【全幅】20mm 【重量】70g

- 装 弾 数：2発
- 適合装弾：16番
- 発射方式：傾斜滑射

● THE ENCYCLOPEDIA OF RUBBER BAND GUNS ●

007
1990年制作／一杉洋之・神奈川県
CG45-2

- 装 弾 数：6発
- 適合装弾：16番
- 発射方式：強制滑射（固定リリーサ）

薄型のボディから鋸刃型のホールドプレートを引き出すユニークな構造。プレートは6発の張力に耐えるステンレス製。クイックローダーによる高速装填が可能。工具無しで完全に分解できる優れた設計も秀逸。作者は1980年頃にはこの前身となるモデルを完成させていた。このモデルには、構造が見える透明アクリルや黒檀、ウイスキーモルトの樽材（ホワイトオーク）などを使ったバリエーションが存在する。下の2枚の写真は樽材を使ったCG45WOMT。中村光児所蔵。

- 素材：チーク、ステンレス鋼、クイックローダーはアルミチャンネル製
- 仕上：クリアラッカー（木部）、バフ研磨（ステンレス）

【全長】最大：270mm／最小：225mm 【銃身長】215mm 【全高】108mm 【全幅】9mm 【重量】99g

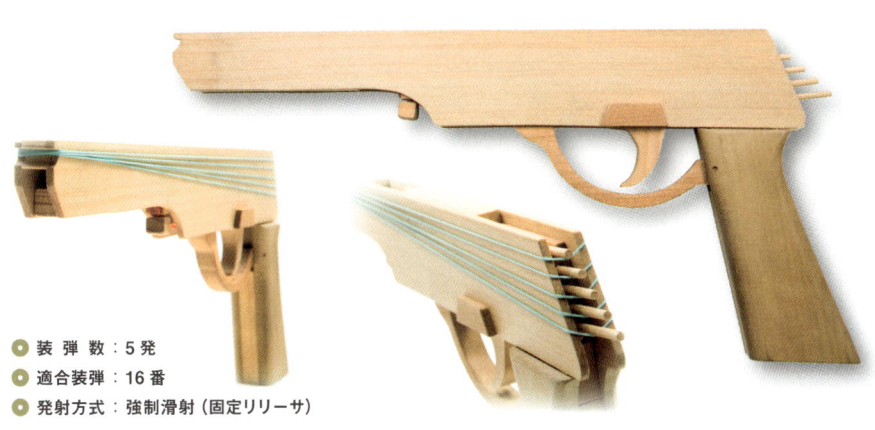

- 装 弾 数：5発
- 適合装弾：16番
- 発射方式：強制滑射（固定リリーサ）

銃身を上に向け、用心鉄前方の突起を押すと、本体後端から階段状の長さに並んだホールドピンが現れる。このピンに上から順に装填。引き金を引くとピンは1本ずつフレーム内に隠れてゆく。フレーム自体が固定型のリリーサの役割となり、オーバンドはフレーム後部の傾斜を駆け上がって発射される。

008
2003年制作／小川勇二・大阪府
P401 VUI

- 素材：アガチス、朴、桧、ラミン、シルクウッド、つまようじ、オーバンド
- 仕上：セラックニス、ワックス

【全長】325mm 【銃身長】270mm 【全高】146mm 【全幅】25mm 【重量】110g

● THE ENCYCLOPEDIA OF RUBBER BAND GUNS ●

009
2004年制作／小川勇二・大阪府

P601MULTY

- 装弾数：2発
- 適合装弾：16番
- 発射方式：強制滑射（固定リリーサ）

引き金の上部がそのままホールドフックになった単純な構造だが、このフックの救い上げるような形状がミソ。お辞儀をしながら初弾をリリースし、そのまま目前に装填されている次弾の下にもぐり込む。引き金を戻すとちゃっかり2発目をホールドしている。下段の丸棒は補強とデザイン的なアクセントだが、なにやらタオル掛けにもなりそう。

■ 素材：桧、ラミン、ケヤキ、コイルスプリング、ヒートン

【全長】385mm 【銃身長】275mm 【全高】123mm 【全幅】21mm 【重量】70g

- 装弾数：6発
- 適合装弾：16番
- 発射方式：強制滑射（固定リリーサ）

010
2007年制作／一杉洋之・神奈川県

N14-45
南部14年式セミ
スケールモデル

旧日本陸軍正式拳銃南部14年式を忠実に再現した連発銃。フライスで精密加工されたパーツは工具無しで分解可能。後方に引き出す鋸刃型のホールドブレードも実物の構造とマッチしている。3枚合わせのトリガーガードは半田ゴテによる丁寧な曲げ加工。中村光児所蔵。

■ 素材：ケヤキ、樫丸棒、ラジアタ、パイン丸棒、黒檀、チーク、SUS平角棒、SUSバネ鋼、SUSネジ類、BSタップカラー、真鍮板、真鍮釘、コイルスプリング ■ 仕上：ウッド・オイル仕上げ（グリップ＝ナチュラル色、グリップ以外＝エボニー色）

【全長】最大：285mm／最小：240mm 【銃身長】210mm 【全高】150mm 【全幅】32mm 【重量】203g

● THE ENCYCLOPEDIA OF RUBBER BAND GUNS ●

011
2009年制作／山本 翔・千葉県

S.H.O. Industry RB-MP12

単発銃 SINGLE LAUNCHING GUN

連発銃 CONTINUOUS LAUNCHING GUN

散弾銃 SHOTGUN

機関銃 MACHINE GUN

可動リリーサ型強制滑射ではあるが、押上式ともいえるユニークな構造。トリガーの引き加減で発射速度を調節するので多少習熟を要する。ドイツ H&K 社の MP5K をかなり忠実に再現したセミスケールモデルでもあるが、多種の木材の色を活かした演出が洒落ている。

- 装 弾 数：14発
- 適合装弾：16番
- 発射方式：強制滑射（固定リリーサ）

■ 素材：朴、桧、黒檀、チーク他

【全長】250mm 【銃身長】最大：229mm／最小：142mm 【全高】150mm 【全幅】27mm 【重量】209g

091

012

1979年制作／小川勇二・大阪府

P201 改

- 装 弾 数：25 発
- 適合装弾：16 番
- 発射方式：強制滑射（可動リリーサ）

鋸状に並んだホールドフックから、サメのヒレのような形状のリリーサでオーバンドを射出する為、ソーブレード＆シャークフィン、あるいは単にフカヒレ式とも呼ばれる連発方式。引き金を引くとフレーム下側にホールドフック同様に鋸状に刻みを付けられたリリーサの基部が後退し、リリーサもオーバンドを射出しながら後退する。リリーサの右側面には短いハンドルが取り付けてあり、これを引く事でマシンガンのような連続射撃が楽しめる。作者が10代の時の作品とは驚きである。

- 素材：シナベニヤ、アガチス、桧、プラ板、つまようじ、オーバンド

【全長】400mm 【銃身長】最大：340mm／最小：205mm 【全高】151mm 【全幅】48mm 【重量】115g

013

2001年制作／小川勇二・大阪府

P204 BURST

- 装 弾 数：27 発
- 適合装弾：16 番
- 発射方式：強制滑射（可動リリーサ）

同じ作者が1979年に制作しているP201改や、その後のP201 SQUAREと基本的な仕組みは同じだが、このモデルでは、グリップ上部のセレクタで3点バースト（3発同時発射）モードに切替が可能。害虫退治に実力を発揮しそう。

- 素材：朴、アガチス、桧、ラミン、プラ板、つまようじ、輪ゴム、木ネジ
- 仕上：木彫オイル仕上げ

【全長】410mm 【銃身長】最大：345mm／最小：215mm 【全高】162mm 【全幅】34mm 【重量】205g

● THE ENCYCLOPEDIA OF RUBBER BAND GUNS ●

014
2002年制作／小川勇二・大阪府

P209 BULL PUP

- 装弾数：10発
- 適合装弾：16番
- 発射方式：強制滑射（可動リリーサ）

10カ所の刻みを入れた銃身が直接グリップで支えられており、いわゆるフレームといえる部分が存在しない。引き金もグリップに挟まれて前後に動く構造で軸穴を持たない。長い引き金後端には斜め後方向きの短いつまようじが突出しており、これがリリーサを後方に送りそれによってオーバンドがリリースされる。一見シンプルだが計算しつくされた秀逸な構造。

- 素材：ラミン、エンジュ、つまようじ
- 仕上：木彫オイル

【全長】335mm 【銃身長】最大：302mm／最小：260mm 【全高】133mm 【全幅】20mm 【重量】100g

015
2002年制作／小川勇二・大阪府

P301 ARC

- 装弾数：6発
- 適合装弾：16番
- 発射方式：強制滑射（可動リリーサ）

フレーム全体が銃身を兼ねている。後部の階段状のホールド部に装填されたオーバンドは、引き金を引くと現れる櫛型のリリーサで各々1段上のホールドに移動。最上段のものは当然発射される。大きな弓形の用心鉄を咥えるようにグリップが取り付けられている。フレーム上部の間隙も洒落たアクセントで機能的な要素はない。

- 素材：アガチス、桧、つまようじ、オーバンド、リコイルスプリング
- 仕上：水性ステイン（グリップ）で着色、木彫オイル、保護ワックス

【全長】290mm 【銃身長】285mm 【全高】136mm 【全幅】24mm 【重量】80g

016
2002年制作／小川勇二・大阪府

P205
ICEPICK

- 装 弾 数：6発
- 適合装弾：16番
- 発射方式：強制滑射（可動リリーサ）

この作者の手にかかると割り箸ゴム銃でもこうなってしまう。スマートなデザインは、確かにアイスピックの名称に相応しいが、小型のフカヒレ式なのでコバンザメの印象も……。割り箸自身には大きな手を入れていないように見えるが、実は機関部を組み込む都合でかなり削ぎ落としたり、磨き上げたりしてある。ものが小さいだけに主要部分にアルミを使って強度を保ち、持ち運び時にはグリップが引き金を保護できる工夫も凝らせれている。

- 素材：アガチス、桧、朴、アルミ、つまようじ、オーバンド
- 仕上：木彫オイル

【全長】290mm【銃身長】最大：270mm／最小：240mm【全高】92mm【全幅】12mm【重量】20g

017
2005年制作／小川勇二・大阪府

P303 GIZA66°

- 装 弾 数：8発
- 適合装弾：16番
- 発射方式：強制滑射（可動リリーサ）

骨組みのような長短3本のフレームが前後のパネルとグリップを繋いでいる。引き金と一体のリリーサは、上段と中段のフレームの間で前後運動する。リリーサの後方は、後方パネルの後端に刻まれた8段のホールドと同じ形状をしており、一度引き金を引く度に1発を発射、同時に全てのオーバンドを1段上に送る。この繰り返しで連発が実現する非常にユニークな階段式の構造。装填したオーバンドが引き金を押し戻す為、復帰用のバネは存在しない。

- 素材：アガチス、桧、シナベニヤ、ラミン
- 仕上：木彫オイル、パネルとグリップはウレタンニス

【全長】310mm【銃身長】285mm【全高】125mm【全幅】33mm【重量】80g

- 装 弾 数：13発
- 適合装弾：16番
- 発射方式：強制滑射（可動リリーサ）

初代「P201改」の流れを汲むソーブレード＆シャークフィン型連発銃。装弾数を減らし、全体に僅かにコンパクトに仕上がっている。手動式の連続発射機構も省かれているが構造の緻密さは相変わらず。主要構造部が露出しているが強度や整備性はかなり向上している。

- 素材：桧、チーク、ラミン丸棒、オーバンド
- 仕上：グリップのみオイル仕上げ

【全長】380mm 【銃身長】最大：290mm／最小：200mm 【全高】161mm 【全幅】24mm 【重量】125g

018
2007年制作／小川勇二・大阪府

P201SQUARE

- 装 弾 数：5発
- 適合装弾：16番
- 発射方式：強制滑射（可動リリーサ）

全体に丸みを基調にしたかわいいデザイン。後方の大きな円弧を描いた部分に5つのホールド部が刻んである。リリーサはここに装塡されたオーバンドを下方から、ツンツンと突き上げてリリースする。このリリーサのコミカルな動きも全体のデザインにマッチしていて微笑ましい。

- 素材：シナベニヤ、桧、ブラックウォルナット、ラミン、つまようじ、引きバネ、ヒートン
- 仕上：クリアラッカー、チークオイル

【全長】320mm 【銃身長】240mm 【全高】135mm 【全幅】23mm 【重量】65g

019
2007年制作／小川勇二・大阪府

P305 TSUN-TSUN

020

2008年制作／小川勇二・大阪府

P306 OTTAMA GETAR

- 装弾数：5発
- 適合装弾：16番
- 発射方式：強制滑射（可動リリーサ）

階段状のホールドフックを一段ずつ登るように送られて行くので、ステップアップ方式と命名された発射方式。このモデルでは、装填部をフレームの後方下側に持ってきて、オーバンドを折って、曲げてあるので「オッタマゲタ」とのネーミングが生まれたという。美しいフォルムや丁寧な仕上げ、凝った機構とアンバランスなネーミングに作者の遊び心が滲み出ている。

- 素材：シナベニヤ、桧、ラミン丸棒、ケヤキ
- 仕上：ラッカー仕上げ（フレーム）、ワトコオイル仕上げ（グリップ）

【全長】270mm 【銃身長】265mm 【全高】121mm 【全幅】31mm 【重量】95g

- 装弾数：2発
- 適合装弾：16番
- 発射方式：強制滑射（可動リリーサ）

強制滑射のホールドグルーブを二段の階段状にした連発銃。引き金を引くと上段の1発目が発射され、同時に下段の2発目が上段に移動するステップアップ方式。

- 素材：セン、竹軸、皿木ネジ、引きバネ
- 仕上：オイル

【全長】190mm 【銃身長】170mm 【全高】110mm 【全幅】16mm 【重量】55g

021

2009年制作／内田保男・愛知県

UGR-02

● THE ENCYCLOPEDIA OF RUBBER BAND GUNS ●

022
2010年制作／久保智靖・京都府

T.K type1
(silent automatic)

T.K type2
(blow back automatic)

- 装弾数：3発
- 適合装弾：16番
- 発射方式：強制滑射（可動リリーサ）

廉価で加工し易く、非常に軽量な南洋材、ファルカタ（南洋桐）で作られている。ウェイトを加える為に、グリップ内に金属のワッシャーを入れてある。引き金と一体のリリーサが銃身を兼ねたフレームの後方に突出してオーバンドをリリース。同時に次弾をスタンバイさせるステップアップ方式。外観はよく似ているが、引き金を絞ると発射と同時にリリーサがバネで引き込まれる疑似ブローバック（写真上）と、指の操作で戻す手動式がある。ブローバックモデルは作動音が快感。

■ 素材：ファルカタ

【全長】243mm 【銃身長】235mm 【全高】133mm 【全幅】19mm 【重量】110g

023
2009年制作／山本 翔・千葉県

S.H.O. Industry RB-MPS 22

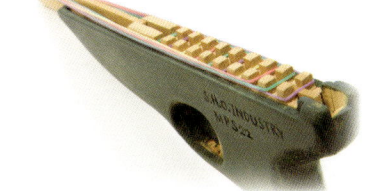

- 装弾数：10発
- 適合装弾：16番
- 発射方式：強制滑射（可動リリーサ）

押上式のユニークな構造。それ以上に奇抜なのは発射ユニットがメインフレームから簡単に着脱できる事。メンテナンスもスピーディ。メインフレームの軟らかなラインが優美。

■ 素材：朴、アガチス、ラミン
■ 仕上：ジェルタイプニス

【全長】257mm 【銃身長】最大：235mm／最小：147mm 【全高】108mm 【全幅】20mm 【重量】117g

097

- 装弾数：2発
- 適合装弾：16番
- 発射方式：強制滑射（可動リリーサ）

1発目を発射すると、同時に2発目が下段のホールドからリリーサの中間へ移動。引き金を戻すと共にフレーム内にリリーサが戻る時に、上段のホールドフックに移動してスタンバイとなるステップアップ方式。グリップ以外は全てアルミ製で薄型だが堅牢。幅広な銃身が力強い印象。

- 素材：アルミ、ケヤキ
- 仕上：透明アクリル塗料（グリップのみ）

【全長】335mm 【銃身長】280mm 【全高】134mm 【全幅】15mm 【重量】390g

024
2009年制作／宮田正隆・茨城県

MBTA HI-LOW 123A 2連発銃

025
2009年制作／宮田正隆・茨城県

sea horse -1000

- 装弾数：10発
- 適合装弾：16番
- 発射方式：強制滑射（可動リリーサ）

ソーブレード式の機構を組み込んだ連発銃。全体のデザインに鋸型のホールドフックが溶け込んでいる。サイドのプレートには力強く咆哮するトラのイラストが見られる。なかなか攻撃的なデザイン。

- 素材：アガチス、朴、桂、ラミン
- 仕上：油性ウレタンニス（ダークウオーク、ウォールナット）

【全長】410mm 【銃身長】最大：315mm／最小：220mm 【全高】140mm 【全幅】30mm 【重量】167g

● THE ENCYCLOPEDIA OF RUBBER BAND GUNS ●

026
2009年制作／宮田正隆・茨城県

Stepping Giza-10

- 装弾数：10発
- 適合装弾：16番
- 発射方式：強制滑射（可動リリーサ）

10段の階段型のホールドフックを持つステップアップ式の連発銃。引き金、フォアグリップ、上部カバーの操作で発射できる3ウェイ。短いストックやストレートなグリップ等が近代的なサブマシンガンを思わせる。

■ 素材：MDF板、アガチス、朴、松、真鍮ビス、輪ゴム

【全長】600mm【銃身長】最大：306mm／最小：270mm【全高】230mm【全幅】25mm【重量】750g

027
2004年制作／荒木 徹・鹿児島県

B40203 Mauser TR-6

ドイツの名銃、モーゼルHScのセミスケールモデル。オリジナルの再現性もすばらしいが、ユニークな発射方式に注目したい。銃の後端には三角回転翼が仕込んであり、ここに6発を装填する。引き金を操作すると回転翼から解放された1発が引き金の真上辺りのフレーム上部に突出しているホールドフックに移動。次の引き金の操作で発射される。回転翼式給弾装置付き瞬間解放銃というべき構造。機関のリンクには薄いスチールリボンを採用している。

■ 素材：アガチス、ケヤキ、塩ビ管

- 装弾数：6発
- 適合装弾：16番
- 発射方式：瞬間解放

【全長】300mm【銃身長】240mm【全高】112mm【全幅】24mm【重量】150g

THE ENCYCLOPEDIA OF RUBBER BAND GUNS

028
2003年制作／石田豊文・新潟県

北部15年式
トンプソン

- 装弾数：16発
- 適合装弾：16番
- 発射方式：強制滑射（可動リリーサ）

第二次大戦中の米軍のサブマシンガン、トンプソンM1A1を忠実に再現したスケールモデル。グリップやストックの美しさは本物を凌いでいるに違いない。ソーブレード＆シャークフィン型の装填部も違和感なくデザインに溶け込んでいる。セミオートの連発銃だが、コッキングハンドルを手で手前に引くと擬似的にフルオート感覚の連射ができる。

- 素材：シナベニヤ、松、アガチス
- 仕上：ウレタン黒50%艶消し、一部コンパウンドでムラを演出。グリップ：ステンケヤキ色で着色後ウレタンクリア50%艶消し

【全長】800mm 【銃身長】最大：415mm／最小：285mm
【全高】254mm 【全幅】43mm 【重量】910g

● THE ENCYCLOPEDIA OF RUBBER BAND GUNS ●

029
2004年制作／一杉洋之・神奈川県

MR-1

- 装弾数：6発
- 適合装弾：16番
- 発射方式：瞬間解放

プラスチックカートリッジ（ICケース）にオーバンドを納め、それをマガジンに装填。フォアグリップのポンプ操作により銃の内部で前方に引き伸ばす。発射後に更にポンプアクションをする事で、後方から空カートリッジを排出、同時に次弾が発射スタンバイとなる。ポンプや引き金のアクションにステンレスロープを使った複雑で精妙な構造。中村光児所蔵。

■ 素材：ナベニヤ、スプリング、真鍮角材、アルミ・チャンネル、テフロン丸棒、板バネ、SUSワイヤー、タップカラー、真鍮ピン、木ネジ、ICケース（薬莢用）

【全長】470mm 【銃身長】300mm 【全高】190mm
【全幅】38mm 【重量】810g

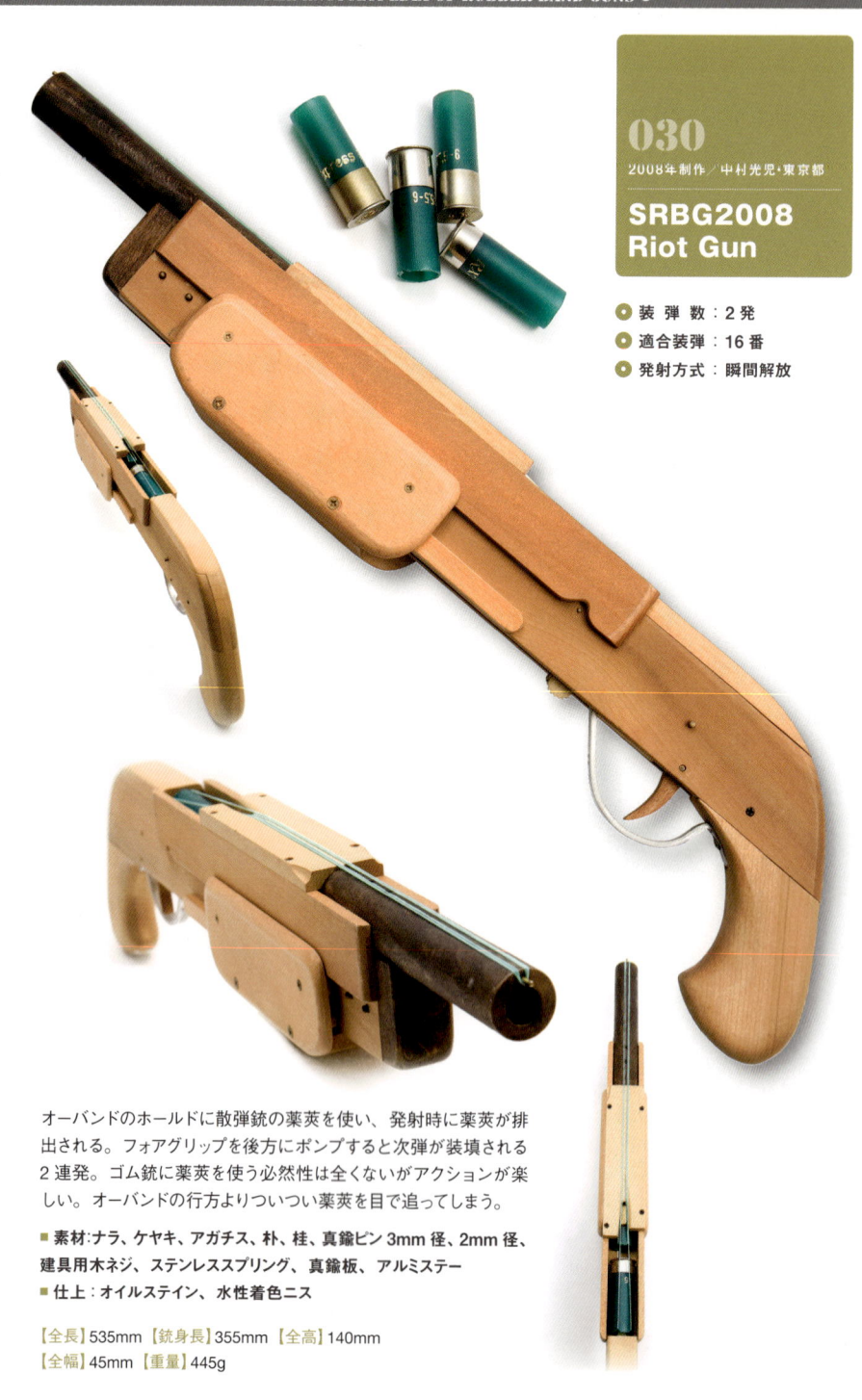

● THE ENCYCLOPEDIA OF RUBBER BAND GUNS ●

030

2008年制作／中村光児・東京都

SRBG2008
Riot Gun

- 装弾数：2発
- 適合装弾：16番
- 発射方式：瞬間解放

オーバンドのホールドに散弾銃の薬莢を使い、発射時に薬莢が排出される。フォアグリップを後方にポンプすると次弾が装填される2連発。ゴム銃に薬莢を使う必然性は全くないがアクションが楽しい。オーバンドの行方よりついつい薬莢を目で追ってしまう。

■ 素材：ナラ、ケヤキ、アガチス、朴、桂、真鍮ピン 3mm径、2mm径、建具用木ネジ、ステンレススプリング、真鍮板、アルミステー
■ 仕上：オイルステイン、水性着色ニス

【全長】535mm 【銃身長】355mm 【全高】140mm
【全幅】45mm 【重量】445g

● THE ENCYCLOPEDIA OF RUBBER BAND GUNS ●

031
2009年制作／鈴木直弥・東京都

MAX ツインバレル

- 装弾数：2発
- 適合装弾：30番
- 発射方式：瞬間解放

ストレートなボディに2本の銃身と2つのホールドフックを設けた強力な瞬間解放式連発銃。30番のオーバンドは、清涼飲料のアルミ缶を大きくへこませる恐るべきパワーを発揮する。回転軸には強度抜群の直径5mmのボルトを使用している。たかがゴム銃と侮ってはいけない。携帯時にはほぼ半分の長さに折り畳める。

■ 素材：桐、朴　　■ 仕上：黒艶消しスプレーラッカー

【全長】820mm【銃身長】720mm【全高】140mm【全幅】47mm【重量】550g

032
2009年制作／森 伸夫・愛知県

FAF07 ハンドガン

稲妻形の回転翼を採用したコンパクトな連発銃。作者は量産を目指したようだが、それにしては用心鉄の切り抜き等に妥協を許さない拘りが感じられる。

■ 素材：桧、アガチス、シナベニヤ、エンジュ

【全長】183mm【銃身長】155mm【全高】105mm【全幅】20mm【重量】52g

- 装弾数：6発
- 適合装弾：16番
- 発射方式：二枚翼型回転翼式

連発銃 CONTINUOUS LAUNCHING GUN

103

033

1998年制作／東根宏如・広島県

1998・0211式 拳銃

- 装弾数：7発
- 適合装弾：16番
- 発射方式：二枚翼型回転翼式

時計の脱進機と同じ仕組みで、回転翼を止めたり解放したりする事で連発を可能にしている。引き金とストッパーは1つのL字型の部品で、精妙な回転軸の配置により回転翼を制御する。全ての部品が直線カットのみで製造できる量産モデル。

- 素材：ラワン合板
- 仕上：オリーブオイル、蜜蝋

【全長】242mm 【銃身長】155mm 【全高】148mm 【全幅】34mm 【重量】130g

- 装弾数：7発
- 適合装弾：16番
- 発射方式：二枚翼型回転翼式

034

1998年制作／東根宏如・広島県

1998・1104式 拳銃

1998・0211の発展形。部品の配置を考慮し、全長を35ミリ縮めながら銃身長は7ミリ延長している。引き金の復帰は改良型ではキックバネになっているが、初期モデルではオーバンドを使っていた。制御装置の上部のV字型の刻みとグリップ上部の後方への突起がその名残。キックバネ不調時には、オーバンド1本で即座に復旧できる。

- 素材：ラワン合板、竹ひご
- 仕上：オリーブオイル、蜜蝋

【全長】207mm 【銃身長】162mm 【全高】135mm 【全幅】34mm 【重量】115g

● THE ENCYCLOPEDIA OF RUBBER BAND GUNS ●

- 装弾数：7発
- 適合装弾：16番
- 発射方式：二枚翼型回転翼式

2枚翼をフレーム最後部に配置したコンパクトな回転翼式連発銃。回転翼に段差のような刻みを設ける事で、水平に寝かす事に成功。回転翼はクランクのような稲妻型。簡素な上に照準も付け易く、他の作家にも採用されている。

- 素材：ラワン合板
- 仕上：オリーブオイル、蜜蝋

035
2004年制作／東根宏如・広島県
2004・1031式拳銃

【全長】186mm 【銃身長】161mm 【全高】138mm 【全幅】35mm 【重量】103g

036
2008年制作／東根宏如・広島県
2008・0120式拳銃

- 装弾数：7発
- 適合装弾：16番
- 発射方式：二枚翼型回転翼式

1998・1104式拳銃の後継機。素材をラワン合板からシナ合板に変え、ホールグルーブも真鍮ピンに変更。外観が美しくなり、軽量化にも成功している。

- 素材：シナ合板
- 仕上：亜麻仁油

【全長】180mm 【銃身長】157mm 【全高】130mm 【全幅】34mm 【重量】93g

105

037
2009年制作／鈴木直弥・東京都
RGIS-01

- 装弾数：4発
- 適合装弾：16番
- 発射方式：二枚翼型回転翼式

真ん中から二つ折りになり、約半分の長さに畳める。小さなグリップと引き金は完全に隠れ、ゴム銃とは判別できなくなる。まるで飛び出しナイフのように瞬時に銃の姿に変身する。

- 素材：朴、スプリングピン、蝶番

【全長】最大：280mm／最小：145mm【銃身長】202mm
【全高】最大：64mm／最小：60mm【全幅】30mm【重量】112g

- 装弾数：4発
- 適合装弾：16番
- 発射方式：二枚翼型回転翼式

銃身兼フレームの前1/3とグリップがフレームの下に畳める。それぞれの部品はオーバンドで引っぱられており、畳まれている時にささやかな力を加えると、一挙に銃の形になる。

- 素材：朴、スプリングピン

【全長】最大：365mm／最小：216mm【銃身長】240mm
【全高】最大：148mm／最小：85mm【全幅】20mm【重量】109g

038
2009年制作／鈴木直弥・東京都
RGIS-02

039

2003年制作／長門尚男・東京都

アドヴェンチャー R003

- 装弾数：6発
- 適合装弾：16番
- 発射方式：三角回転翼式

フレームとグリップに使ったケヤキの木目が美しい。回転翼の軸穴はフレームを貫通しておらず、作者の細やかな拘りが窺える。

- 素材：ケヤキ、桧　　仕上：オイル

【全長】302mm 【銃身長】245mm 【全高】130mm 【全幅】21mm 【重量】106g

040

2002年制作／荒木 徹・鹿児島県

B1203 COLTNAVY

- 装弾数：6発
- 適合装弾：16番
- 発射方式：三角回転翼式

アメリカの南北戦争当時に活躍した軍用銃、コルトネービーを再現したスケールモデル。デザインに影響の少ない三角回転翼を採用しているが、更に本物らしさを演出する為、撃鉄のコッキング（撃鉄を起こす作業）を必須としている。ゴム銃の機構としては全く不要のコッキングだが、これをする事でよりリアルにオリジナルに迫る事に成功している。

- 素材：合板、楠

【全長】340mm 【銃身長】220mm 【全高】134mm 【全幅】38mm 【重量】165g

041

2003年制作／荒木 徹・鹿児島県

B30103 Grand Master TriangleIII

- 装 弾 数：6発
- 適合装弾：16番
- 発射方式：三角回転翼式

一見なんの変哲もない三角回転翼式連発銃だが、実はかなりユニークな動きを見せる。引き金は銃身兼機関部に固定されており、引き金を絞る事でフレーム上部のスライドを水平に後退。銃身の後退と共に装填された三角翼も後方へ移動。この移動に伴い、三角翼を制御していたフレームの制御部分から脱出、回転翼はフリーとなって発射が実行される。発射感覚はまさにスライドアクションのよう。

- 素材：合板、ラミン、アルミ、アガチス　　■ 仕上：ラッカー黒

【全長】310mm【銃身長】260mm【全高】130mm【全幅】30mm【重量】300g

042

2003年制作／石田豊文・新潟県

凝る塗2 キャバルリー（ピースメーカー）

- 装 弾 数：6発
- 適合装弾：16番
- 発射方式：三角回転翼式

コルトシングルアクションアーミーの中でも騎兵隊（キャバルリー）が装備したといわれる7.5インチモデルを再現したスケールモデル。造形も見事だが、鉄の色を再現した本体の塗装が秀逸。浅野純一氏所蔵。

- 素材：ケヤキ、その他木材
- 仕上：スーパーアイアンシルバー〜スモークブラック（少し濃淡を付けて）
  グリップ：ステンケヤキ色で着色から50%艶消しクリアラッカー

【全長】325mm【銃身長】228mm【全高】131mm【全幅】44mm【重量】170g

● THE ENCYCLOPEDIA OF RUBBER BAND GUNS ●

043
2003年制作／石田豊文・新潟県

凝る塗3
ガバメントハード
ボーラー

- 装弾数：6発
- 適合装弾：16番
- 発射方式：三角回転翼式

外観に影響なく組み込める三角回転翼の連発機構を採用する事で完成したスケールモデル。あまりにリアルで一見ゴム銃には見えないほど。モデリングの精巧さと、すばらしい塗りの技術がゴム銃を工芸品の域に高めた作品。中村光児所蔵。

- 素材：材質本体ベニヤ、グリップ、ケヤキ
- 仕上：本体：黒艶漆仕上げ、グリップ拭き漆げ

【全長】263mm 【銃身長】232mm 【全高】133mm 【全幅】30mm 【重量】185g

044
2004年制作／石田豊文・新潟県

モーゼルミリタリー
レプリカ
（2004年製）

- 装弾数：6発
- 適合装弾：16番
- 発射方式：三角回転翼式

モーゼルミリタリーこと、モーゼルC96 シュネルホイアー（M712）のレプリカモデル。銃の上部や後部には複雑な形状の部分が多いが、高度な加工技術で巧みに再現されている。ゴム銃としての機関部は三角回転翼だが、見事に隠しおおせている。オーバンドの装填の為に、フロントサイトの形状はかなり変更してある。中村光児所蔵。

- 素材：ベニヤ、ケヤキ
- 仕上：本体：漆　グリップ：拭き漆

【全長】298mm 【銃身長】255mm 【全高】164mm 【全幅】36mm 【重量】204g

● THE ENCYCLOPEDIA OF RUBBER BAND GUNS ●

- 装弾数：6発
- 適合装弾：16番
- 発射方式：三角回転翼式

045
2004年制作／石田豊文・新潟県

**RMT-2
Desert Eagle**

単発銃 SINGLE LAUNCHING GUN

連発銃 CONTINUOUS LAUNCHING GUN

散弾銃 SHOTGUN

機関銃 MACHINE GUN

形状は勿論、抜群の質感が驚異的。見た目に重量感があるだけに手に取ってその軽さに驚かされる。ゴム銃なのに撃つ事が躊躇われる気品さえ備えている。正確な造形と絶妙な塗りの技によって生まれたゴム銃の芸術品。笹野潔氏所蔵。

■ 素材：ベニヤ　■ 仕上：本体、カシュー黒 70％艶消し仕上げ。グリップは、カシュー70％艶消し黒に僅かに白と青のステンで調整（ステンを加える事で僅かに艶が増している。50％程度艶消）、プラスチック、ゴム感を表現。

【全長】275mm 【銃身長】220mm 【全高】157mm 【全幅】44mm 【重量】270g

● THE ENCYCLOPEDIA OF RUBBER BAND GUNS ●

046
2004年制作／石田豊文・新潟県

LUGER P-08 スケールモデル

- 装弾数：6発
- 適合装弾：16番
- 発射方式：三角回転翼式

ドイツの名銃ルガー P-08 を非常に高い完成度で再現した三角翼式連発銃。重量感のある黒漆とケヤキの木目を活かしたグリップのコントラストも秀逸。長門尚男氏所蔵。

- 素材：ケヤキ、その他木材　■ 仕上：漆

【全長】270mm 【銃身長】250mm 【全高】140mm 【全幅】38mm 【重量】173g

- 装弾数：6発
- 適合装弾：16番
- 発射方式：三角回転翼式

シンプルなデザインの三角回転翼式連発銃。最後端に配した三角翼には、フレームの削ぎ落としのおかげで装填がし易い。薄いアクリル製の回転翼と真鍮ピンを使ったフロントフックにより、回転翼式連発銃としては弾道にばらつきが少ない。中村光児所蔵。

- 素材：アガチス、コルクシート、アルミ、アクリル、竹

【全長】250mm 【銃身長】225mm 【全高】140mm 【全幅】20mm 【重量】82g

047
2008年制作／一杉洋之・神奈川県

LE0803A

● THE ENCYCLOPEDIA OF RUBBER BAND GUNS ●

048
2008年制作／森 伸夫・愛知県

FAF08ランダル スペシャル

- 装弾数：6発
- 適合装弾：16番
- 発射方式：三角回転翼式

FAF08ライフルのショートバージョン。銃床とフォアグリップはチーク材のものと、ウエンジュ仕様がある。ロングタイプ同様木材の味わいを存分に活かしている。

- 素材：桧、ウエンジュ、シナベニヤ、ホワイトパイン、ABS樹脂
- 仕上：オイル

【全長】410mm 【銃身長】280mm 【全高】100mm
【全幅】23mm 【重量】194g

● THE ENCYCLOPEDIA OF RUBBER BAND GUNS ●

049
2009年制作／森 伸夫・愛知県

FAF08ライフル

- 装弾数：6発
- 適合装弾：16番
- 発射方式：三角回転翼式

素材の色合いや木目を活かした美しいモデル。外観の長い銃身はアクセサリーで、中間照星のように見える部分が実際のフロントフック。メインフレームと銃床の接合部や、板材から切り出した用心鉄に確かな木工技術を感じる。

- 素材：桧、チーク、シナベニヤ、ホワイトパイン、ABS樹脂
- 仕上：オイル

【全長】560mm 【銃身長】268mm 【全高】100mm 【全幅】23mm 【重量】166g

連発銃 CONTINUOUS LAUNCHING GUN

○ THE ENCYCLOPEDIA OF RUBBER BAND GUNS ○

- 装弾数：8発
- 適合装弾：16番
- 発射方式：三角回転翼式

中村光児のST2005RWの複製。グリップと銃身は檜、グリップフレームとトリガーにチーク材、一番力がかかり、摩耗も心配な回転翼には黒檀を使用している。素材の使い分けに拘った質感重視のモデル。黒檀の回転翼は乾いた作動音が軽妙。

■素材：檜、チーク材、黒檀、真鍮

【全長】380mm 【銃身長】280mm 【全高】132mm 【全幅】27mm 【重量】145g

050
2009年制作／村上英俊・三重県

ST2005RW改 黒檀バージョン

051
2009年制作／柴田延弥・愛知県

3号

- 装弾数：6発
- 適合装弾：16番
- 発射方式：三角回転翼式

三角を基調にした斬新で近未来的なデザイン。発射機構の三角回転翼ともマッチしている。実在の拳銃にはない、ゴム銃ならではのフォルムはゴム銃が拳銃の代用品でない事を証明している。

■素材：朴、アガチス、檜、桜、黒檀

【全長】403mm 【銃身長】260mm 【全高】130mm 【全幅】21mm 【重量】100g

● THE ENCYCLOPEDIA OF RUBBER BAND GUNS ●

052
2008年制作／森 伸夫・愛知県

デリンジャー FAF03

- 装弾数：6発
- 適合装弾：12番
- 発射方式：三角回転翼式

レミントン・ダブルバレル・デリンジャーのレプリカ。16番のオーバンドも使えるように銃身長を稼ぐ為、オリジナルよりやや長いが、かなり正確に特長を掴んでいる。特に味わいのあるグリップと短い引き尺の引き金の忠実さは見事。オリジナルが2発なのに対し、こちらは三角回転翼を採用して6発を装填できる。かわいらしくお洒落なので、女性にもファンが多い。

■ 素材：桧、ウェンジュ、ラミン、シナベニヤ

【全長】155mm 【銃身長】110mm 【全高】85mm 【全幅】28mm 【重量】53g

053
2009年制作／宮田正隆・茨城県

armor-6000EXP_7B

黒いフレームとニス塗装の装甲のコントラストが美しい。引き金と撃鉄風レバーの2ウェイで発射が可能。厚みのあるアルミ部品の発する可動音が心地よい。

■ 素材：朴、アガチス、アルミ、スプリング、真鍮ビス
■ 仕上：黒ウレタンラッカー、ウレタンニス

【全長】337mm 【銃身長】215mm 【全高】127mm 【全幅】25mm 【重量】250g

- 装弾数：6発
- 適合装弾：16番
- 発射方式：三角回転翼式

● THE ENCYCLOPEDIA OF RUBBER BAND GUNS ●

054
2009年制作／浅野純一・大阪府

アルサーデルタ 009

- 装弾数：6発
- 適合装弾：16番
- 発射方式：三角回転翼式

三角回転翼に摩耗に強いベークライトを採用した量産型連発銃。規格幅の板材の角度を変えて貼り合わせ、握り易くしたクロスグリップはこの作者の発明。量産と位置づけながら引き金や用心鉄には手抜きをしていないし、ロゴの焼印にも高級感が漂う。

■素材：桧、ベークライト板、押しバネ、木ネジ

【全長】320mm 【銃身長】258mm 【全高】132mm 【全幅】19mm 【重量】72g

- 装弾数：6発
- 適合装弾：16番
- 発射方式：三角回転翼式

日本工業大学「ものづくりゴム銃同好会」を設立した作者が、同校の公開イベント「親子ものづくり教室」の2009年の教材として開発。子供向けにグリップは小さめに設計してある。フレームやグリップは、図面を板材に貼り付けて糸鋸でのカットと穴開けを体験させた。機関部は精度を要する為、あらかじめレーザー加工しておいたものを配布。

■素材：アガチス、アクリル

【全長】288mm 【銃身長】199mm 【全高】110mm 【全幅】18mm 【重量】68g

055
2009年制作／柴田将行・東京都

NIT2009_親子

単発銃 SINGLE LAUNCHING GUN

連発銃 CONTINUOUS LAUNCHING GUN

散弾銃 SHOTGUN

機関銃 MACHINE GUN

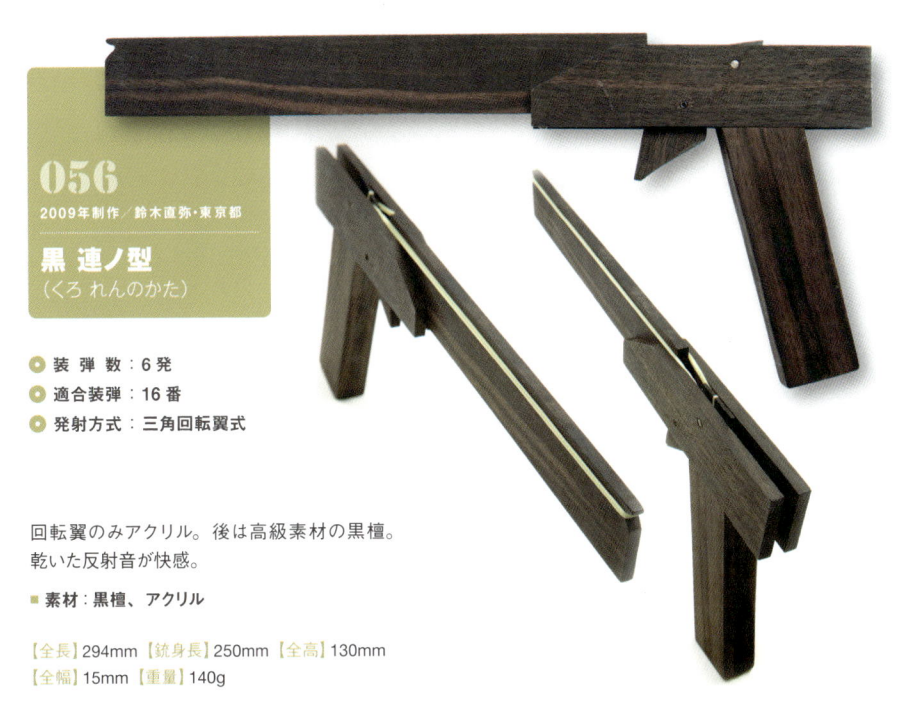

056

2009年制作／鈴木直弥・東京都

黒 連ノ型
（くろ れんのかた）

- 装弾数：6発
- 適合装弾：16番
- 発射方式：三角回転翼式

回転翼のみアクリル。後は高級素材の黒檀。
乾いた反射音が快感。

- 素材：黒檀、アクリル

【全長】294mm 【銃身長】250mm 【全高】130mm
【全幅】15mm 【重量】140g

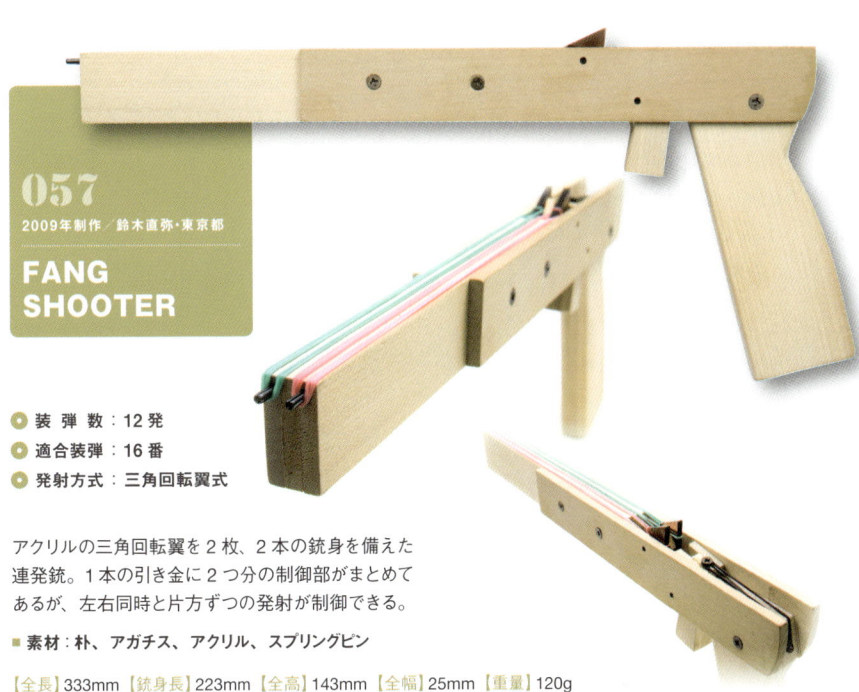

057

2009年制作／鈴木直弥・東京都

FANG SHOOTER

- 装弾数：12発
- 適合装弾：16番
- 発射方式：三角回転翼式

アクリルの三角回転翼を2枚、2本の銃身を備えた
連発銃。1本の引き金に2つ分の制御部がまとめて
あるが、左右同時と片方ずつの発射が制御できる。

- 素材：朴、アガチス、アクリル、スプリングピン

【全長】333mm 【銃身長】223mm 【全高】143mm 【全幅】25mm 【重量】120g

058
2010年制作／荒木 徹・鹿児島県
X100405

- 装 弾 数：6発
- 適合装弾：16番
- 発射方式：三角回転翼式

高級素材と直線的なデザインのボディの後方に三角翼が配置されている。フロントフックにピンを採用した事と、真鍮製の三角翼に軸を蝋付けする事で、単発銃並の命中精度を得ている。引き金の操作で逆方向に水平移動する2本の制御パーツで、滑りのない確実な連発を実現している事にも注目したい。

■素材：ブナ、ウォールナット

【全長】260mm 【銃身長】235mm 【全高】129mm 【全幅】18mm 【重量】150g

059
2006年制作／荒木 徹・鹿児島県
B060104
Colt25Auto

- 装 弾 数：4発
- 適合装弾：16番
- 発射方式：巴型回転翼式

ポケットサイズのオートマチックの代表格、コルト・ベスト・ポケットのセミスケールモデル。本体はオリジナル同様ベストのポケットにも入るコンパクトサイズだが、サイレンサー型の延長銃身で200ミリの銃身長を確保。充分な威力を発揮する。スタイルはリアルだが素材の色を活かして、ゴム銃ならではの作品に仕上がっている。

■素材：合板、ケヤキ、ABS樹脂、ラミン

【全長】210mm 【銃身長】200mm 【全高】83mm 【全幅】23mm 【重量】90g

● THE ENCYCLOPEDIA OF RUBBER BAND GUNS ●

060
2009年制作／笹野 潔・東京都
RD-S6カスタム

- 装弾数：6発
- 適合装弾：16番
- 発射方式：巴型回転翼式

西部劇ファンあこがれのランダル銃風のスタイル。レバーはアクセサリーだが、素材の色や風合いを活かした美しいモデル。桧を素材とした量産型も作られている。作者が発明した巴型回転翼を採用。CADとCNCを使った正確な切削で切り出す為、手作業では困難な用心鉄と一体のレバーも量産が容易。引き金の復帰にはフロッピーディスクのシャッタースプリング（キックバネ）を採用。

■ 素材：黒檀、カリン、ナラ、竹串、3.5FD内蔵バネ、アクリル製三つ巴回転翼（2mm厚）　■ 仕上：サラダオイル

【全長】364mm【銃身長】238mm【全高】100mm【全幅】15mm【重量】140g

堅牢なナラ材のフレーム、グリップやトリガーには木目の美しいカリン、銃身には重厚な黒檀が使われている。サラダオイル仕上げで木材の色を活かしている。透明なアクリルで作られた巴型三角翼は、軽いトリガーアクションで確実にホールドとリリースを繰り返す。フレーム後端のマウントは装填を助ける他に、銃身先端をフロントサイトそして使う場合のリアサイトの役割も果たす。

■ 素材：黒檀、カリン、ナラ、竹串、3.6FD内蔵バネ、アクリル製三つ巴回転翼（2mm厚）　■ 仕上：サラダオイル塗布

【全長】270mm【銃身長】238mm【全高】136mm【全幅】15mm【重量】120g

061
2004年制作／笹野 潔・北海道
HG-S6

- 装弾数：6発
- 適合装弾：16番
- 発射方式：巴型回転翼式

● THE ENCYCLOPEDIA OF RUBBER BAND GUNS ●

- 装弾数：6発
- 適合装弾：16番
- 発射方式：巴型回転翼式

062
2009年制作／笹野 潔・東京都
HG-S6m

HG-S6のコンパクトモデル。幼児用にオリジナルの70％に縮小してある。一番長いType I はオリジナルと同程度の威力が出るように銃身が長い。Type II はハガキ大の板からパーツが採れるように設計されている。Type III は子供のポケットにも入る。子供用とはいえ、黒檀、カリン、パドック、ナラなどの高級材を使っている。

- 素材：黒檀、カリン、ナラ、竹串、3.5FD内蔵バネ、アクリル製三つ巴回転翼（2mm厚）　■ 仕上：サラダオイル

【全長】Type I：255mm／Type II：200mm／Type III：155mm　【銃身長】220mm／165mm／120mm
【全高】189mm　【全幅】15mm　【重量】58g／57g／56g

063
2009年制作／宮田正隆・茨城県
M-38TA armor 600 special

- 装弾数：6発
- 適合装弾：16番
- 発射方式：巴型回転翼式

大型リボルバー拳銃をモチーフにした回転翼式連発銃。銃身上部とエジェクターチューブの下についている鋸刃状のアクセサリーが威圧的。シリンダーや用心鉄の成形に加工技術の高さが窺われる。ダミーの撃鉄の上に付けられた丸い金属部品はリアサイト。

- 素材：シナベニヤ、アガチス、桂、スプリング、皿ビス
- 仕上：ウォールナットオイル

【全長】415mm　【銃身長】300mm　【全高】170mm　【全幅】48mm　【重量】259g

● THE ENCYCLOPEDIA OF RUBBER BAND GUNS ●

064
2009年制作／宮田正隆・茨城県

MB38TA carriage 500-2Way mm800 Type

- 装弾数：5発
- 適合装弾：16番
- 発射方式：巴型回転翼式

アクセサリーで装飾されているが、ベースのシルエットはライアットガン風。引き金による発射の他、フォアグリップの後退によるポンプアクションでも発射できる。

- 素材：アガチス、朴、桧、スプリング、真鍮ネジ
- 仕上：油性ニス

【全長】522mm 【銃身長】315mm 【全高】151mm 【全幅】26mm 【重量】235g

065
2009年制作／宮田正隆・茨城県

carriage-500 LG-2way

- 装弾数：5発
- 適合装弾：16番
- 発射方式：巴型回転翼式

引き金とフォアグリップのポンプ操作の2ウェイ発射方式。ユニークなデザインのグリップと模様が特長的。

- 素材：朴、桧、アガチス、スプリング、真鍮ネジ
- 仕上：油性ニス（ウォールナット、透明アクリル塗装）

【全長】510mm 【銃身長】315mm 【全高】135mm 【全幅】25mm 【重量】254g

単発銃 SINGLE LAUNCHING GUN

連発銃 CONTINUOUS LAUNCHING GUN

散弾銃 SHOTGUN

機関銃 MACHINE GUN

121

- 装弾数：5発
- 適合装弾：16番
- 発射方式：巴型回転翼式

斬新なデザインに巴型回転翼式の連発機構が組み込まれている。引き金で発射できる他、フォアグリップを後退させるポンプアクションとレバー操作でも発射が可能な3ウェイ。

- 素材：桧、アガチス、朴、アルミ、圧着端子、ワイヤー、スキマテープ、真鍮ビス
- 仕上：油性ニス

【全長】500mm 【銃身長】315mm 【全高】190mm 【全幅】37mm 【重量】380g

066
2009年制作／宮田正隆・茨城県

carriage-500 3way

前作 carriage-500 3way に更にポンプをアシストする、レバーによるフルオート機能を追加した後継機。脱着可能な翼のアクセサリーがアクセント。作者のファンタジックな感性が遺憾なく発揮されている。

- 素材：朴、桧、アガチス、スプリング、真鍮ネジ
- 仕上：油性ニス（ウォールナット、透明アクリル塗装）

【全長】528mm 【銃身長】300mm 【全高】212mm 【全幅】35mm 【重量】431g

067
2009年制作／宮田正隆・茨城県

carriage-500 3way+1

- 装弾数：5発
- 適合装弾：16番
- 発射方式：巴型回転翼式

068

2009年制作／宮田正隆・茨城県

armor-6000EXP2 FAN

引き金による発射の他に後部に、突き出た撃鉄風のパーツを叩く事でも発射できる。西部劇ファンのあこがれのアクション「ファンニング」が楽しめる連発銃。機関部には丈夫な5ミリ厚のアルミ材を使ってある。

- 素材：アガチス、シナベニヤ、アルミ、オーバンド、真鍮ビス
- 仕上：黒ウレタンラッカー、ウレタンニス

【全長】343mm 【銃身長】206mm 【全高】124mm 【全幅】21mm 【重量】200g

- 装弾数：6発
- 適合装弾：16番
- 発射方式：巴型回転翼式

069

2009年制作／宮田正隆・茨城県

M38TA 700GN

- 装弾数：7発
- 適合装弾：16番
- 発射方式：巴型回転翼式

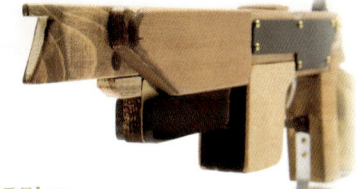

近代的でコンパクトなサブマシンガンを思わせるデザイン。グリップ後方にチークピース風の板がついているのもユニーク。引き金とポンプ操作の2ウェイ発射方式の連発銃。

- 素材：桧、桂、真鍮ピン、木ネジ、引張スプリング、コルク材、アルミ

【全長】550mm 【銃身長】290mm 【全高】140mm 【全幅】27mm 【重量】419g

070

2009年制作／宮田正隆・茨城県

M38TA easy Ⅶ-Ⅲ GN

単発銃 M38TA easy Ⅶ-Ⅲ GF とほぼ同じフレームに三角回転翼を組み込んだ連発銃。引き金や回転翼等力の掛かるパーツにはアルミを採用。

- 素材：アガチス、朴、アルミ、スプリング、真鍮棒
- 仕上：黒アクリルラッカー（艶消し）

【全長】290mm 【銃身長】257mm 【全高】117mm 【全幅】20mm 【重量】160g

- 装弾数：6発
- 適合装弾：16番
- 発射方式：巴型回転翼式

071

2001年制作／松本孝史・神奈川県

P2D

- 装弾数：12発
- 適合装弾：16番
- 発射方式：四角回転翼式

銃身長と全長がほぼ一致。小型なのに12発もの連発が可能。無駄のない設計が完成度の高い作品の決め手。直線的でシンプルなデザインだが黒檀の存在感が心地よく、一度手にすると手放せなくなる。

- 素材：黒檀、桧
- 仕上：オリーブオイルで伸ばした蜜蝋

【全長】171mm 【銃身長】170mm 【全高】129mm 【全幅】25mm 【重量】164g

● THE ENCYCLOPEDIA OF RUBBER BAND GUNS ●

072
2004年制作／長門尚男・東京都

アドヴェンチャーR005

ポケットサイズの連発銃だが、回転翼を最後端に配置して銃身長を確保してある。この作者共通の「アドヴェンチャー」というのは、飼っている愛犬の血統書上の名前に由来する。

■ 素材：杉、桧

【全長】186mm 【銃身長】182mm 【全高】115mm 【全幅】27mm 【重量】78g

- 装弾数：6発
- 適合装弾：16番
- 発射方式：四角回転翼式

073
2008年制作／松本孝史・神奈川県

P1E(2008)

回転翼を後端に配置する事で全長と銃身長がほぼ一致している。引き金と回転翼の位置関係の自由度を上げる為に、回転翼の制御装置と引き金の間は、タコ糸でリンクされている。また引き金の復帰バネにピアノ線を使う事も、機関部をコンパクトにする事に貢献している。

■ 素材：針葉樹合板、桧 ■ 仕上：亜麻仁油

【全長】186mm 【銃身長】182mm 【全高】131mm 【全幅】33mm 【重量】100g

- 装弾数：12発
- 適合装弾：16番
- 発射方式：四角回転翼式

125

074
2009年制作／内田保男・愛知県
UGR-06E

- 装弾数：8発
- 適合装弾：16番
- 発射方式：四角回転翼式

ケヤキの木片を貼り合わせて自作した集成材を使用。簡便に入手可能な一枚板よりも味わいのある仕上がりとなっている。全面的に直線を基本とした設計には無駄がない。回転翼を最後部に配置して全長をコンパクトにまとめてある。

- 素材：ケヤキ、チンチャン、竹軸、皿木ネジ、ステンレスバネ線
- 仕上：オイル

【全長】213mm 【銃身長】185mm 【全高】118mm
【全幅】20mm 【重量】102g

075
2010年制作／鈴木直弥・東京都
板切れ三兄弟

- 装弾数：8発
- 適合装弾：16番
- 発射方式：四角回転翼式

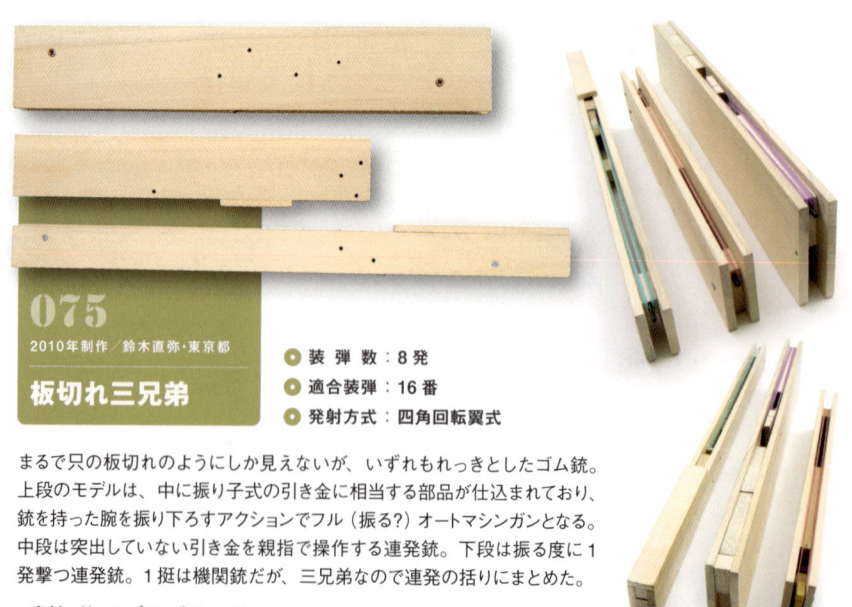

まるで只の板切れのようにしか見えないが、いずれもれっきとしたゴム銃。上段のモデルは、中に振り子式の引き金に相当する部品が仕込まれており、銃を持った腕を振り下ろすアクションでフル（振る?）オートマシンガンとなる。中段は突出していない引き金を親指で操作する連発銃。下段は振る度に1発撃つ連発銃。1挺は機関銃だが、三兄弟なので連発の括りにまとめた。

- 素材：朴、スプリングピン、鉄

【全長】264mm（最大：401mm／最小：350mm）【銃身長】250mm（最大：235mm／最小：175mm）【全高】50mm（最大：60mm／最小：35mm）【全幅】20mm（最大：20mm／最小：18mm）【重量】74g（最大：200g／最小：103g）

● THE ENCYCLOPEDIA OF RUBBER BAND GUNS ●

076
2001年制作／中村光児・東京都

SRBG2001 ALL MIGHTY

フレームからはみ出ない短い銃身、スタイル重視の標準銃身、威力と安定性に傾注した長銃身の3つを差し替えられる。回転翼を最後端に配置した構造にする為、グリップ内部にストッパーや板バネ代わりのピアノ線が仕込まれている。メインフレームとグリップは一体構造。

- 素材：朴、桧、アガチス、竹、真鍮、アクリル製板バネ、ピアノ線
- 仕上：オイルステイン

【全長】最大：445mm／最小：240mm 【銃身長】最大：400mm／最小：195mm
【全高】140mm 【全幅】30mm 【重量】最大：313g／最小：174g

- 装弾数：6発
- 適合装弾：16番
- 発射方式：十字回転翼式

077
2001年制作／浅野純一・大阪府

アルサーピース エージェント

リボルバー拳銃のセミスケールモデル。メインフレームの高さを有効に活用し、十字回転翼を理想的なポジションに配置する事に成功している。がっちりしたターゲットグリップの握り心地と、長い銃身から送り出されるハイスピードの威力で射手を酔わせる。

- 素材：アガチス、桧
- 仕上：クリアラッカー

【全長】364mm 【銃身長】286mm 【全高】125mm 【全幅】30mm 【重量】145g

- 装弾数：8発
- 適合装弾：16番
- 発射方式：十字回転翼式

● THE ENCYCLOPEDIA OF RUBBER BAND GUNS ●

映画007シリーズで主人公、ジェームズ・ボンドが愛用したワルサーPPKのスケールモデル。後端に配された十字形の回転翼が、本物の撃鉄と同じポジションで似たような動きをするところが憎い。水道管を利用したサイレンサー（サプレッサー）がデザインだけでなく、銃身長を稼ぐのに貢献している。

- 素材：桧、アガチス、水道管、木ネジ、真鍮釘、バネ、アルミ板
- 仕上：黒ラッカー

【全長】300mm 【銃身長】278mm 【全高】118mm 【全幅】28mm 【重量】130g

078
2005制作／浅野純一・大阪府

アルサーPPK

- 装弾数：4発
- 適合装弾：16番
- 発射方式：十字回転翼式

星形5枚翼の連発銃。引き金と一体になったスライド式のパーツで回転翼を制御している。すっきりした外観と素材、仕上げの良さから市販品の玩具かと見まがうほど。

- 素材：硬質塩ビ、アクリル

【全長】285mm 【銃身長】200mm 【全高】144mm 【全幅】25mm 【重量】431g

079
2010年制作／田中宏始・富山県

HIR-02

- 装弾数：8発
- 適合装弾：16番
- 発射方式：星型回転翼式

● THE ENCYCLOPEDIA OF RUBBER BAND GUNS ●

080
2009年制作／新妻一樹・東京都

フェンリル

- 装弾数：12 発
- 適合装弾：16 番
- 発射方式：星型回転翼式

引き金の操作でスライドが前進し、回転翼を解放。更にトリガーを絞るとスライドはバネの力で後退して回転翼を制御する。回転翼が大きく露出しており、装填操作が非常にし易い。敢えてスライドアクションを盛り込む辺りに作者の遊び心が窺える。

■ 素材：ステンレス（SUS304）鋼板、MDF 板

【全長】240mm 【銃身長】200mm 【全高】125mm
【全幅】26mm 【重量】576g

081
2009年制作／宮田正隆・茨城県

AFM-1200

銃の背中に大きく張り出したひまわりのような回転翼が目立つ。角や牙を彷彿させるアクセサリーによってファンタジックに演出されている。折径 80 ミリ、切幅 12 ミリの強力な装弾を標準としている。

- 素材：桧、アクリル板、真鍮板
- 仕上：油性ニス（ウォールナット、透明アクリル塗装）

【全長】405mm 【銃身長】205mm 【全高】150mm 【全幅】27mm 【重量】285g

- 装弾数：12 発
- 適合装弾：20 番
- 発射方式：星型回転翼式

129

● THE ENCYCLOPEDIA OF RUBBER BAND GUNS ●

082
2008年制作／新妻一樹・東京都

シルバーウルフ
（銀狼）

ゴム銃には極めて珍しいオールステンレス。セーフティレバー、レーザーサイト、フラッシュライト、フォアグリップなど機能満載。随所に肉抜きをしてあるが、3〜5ミリ厚のステンレスは重く、本物の大型拳銃を凌ぐほど。この重量と厳ついデザインと多機能がガンマニアを魅了する。

■ 素材：ステンレス（SUS304）平板

● 装弾数：12発
● 適合装弾：16番
● 発射方式：星型回転翼式

【全長】265mm 【銃身長】200mm 【全高】180mm
【全幅】39mm 【重量】1565g

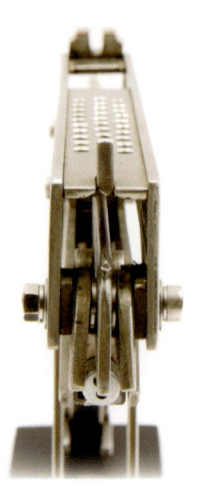

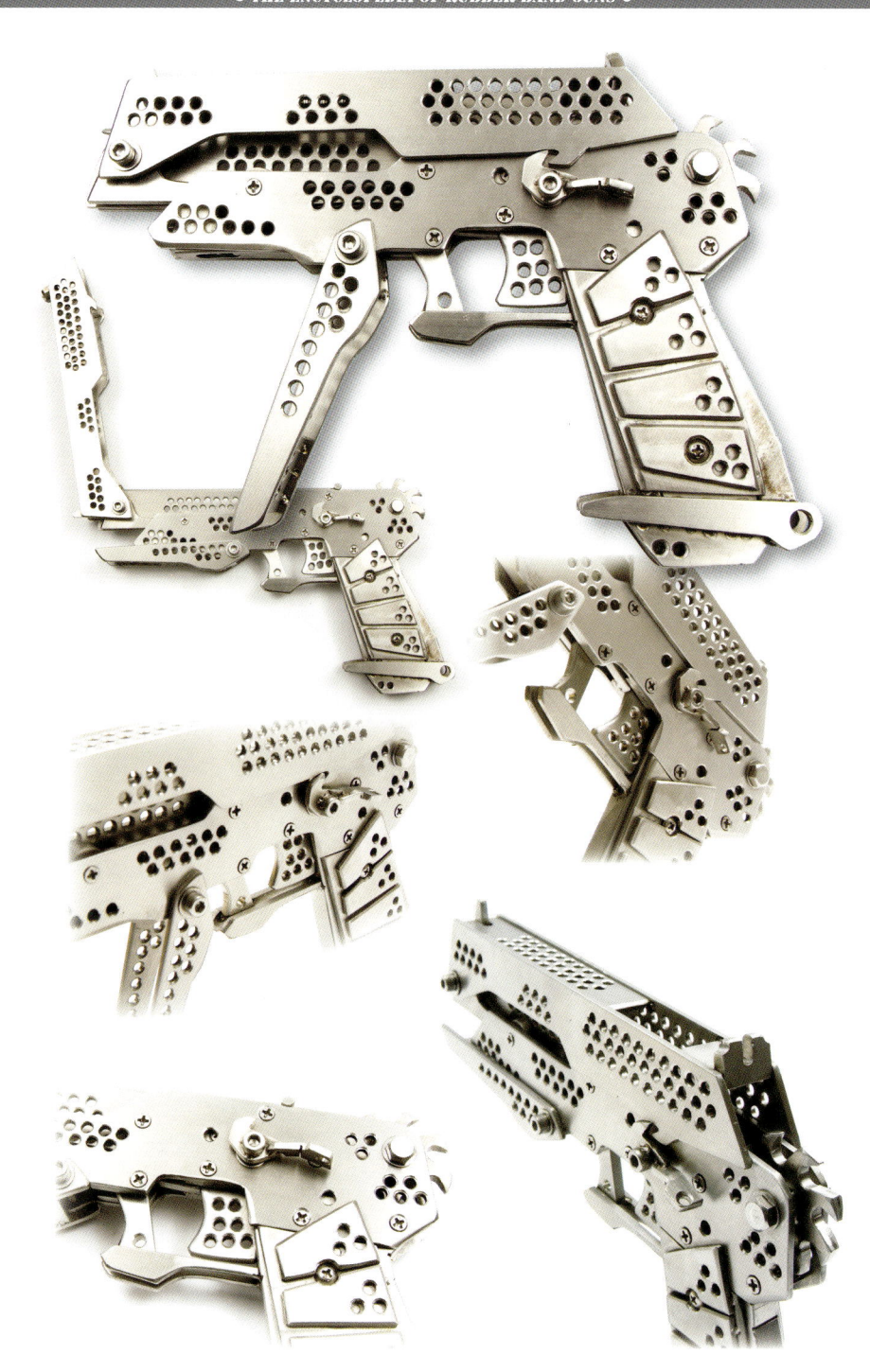

● THE ENCYCLOPEDIA OF RUBBER BAND GUNS ●

連発銃 CONTINUOUS LAUNCHING GUN

横掛けの平掛け

　日本ゴム銃射撃協会の公式競技には、静標的（動かない的）を撃つ競技が2種目、動標的が1種目定められています。このうち、静標的を撃つ種目では、先に紹介した「片掛け」の発見で驚異的に成績が向上しました。残る1種目は、コインペンドラムといい、天井から細い釣り糸で5円玉を吊るして的にする競技です。1分間に何発当てられたかを競います。5円玉だけの命中を見極めるのが困難なので、5円玉から12センチ上までの糸に当たっても命中と見なされます。それでも命中するたびに5円玉は大きく揺れ動くので連続して命中させるのはなかなか難しいものです。

　この競技も他の競技同様、銃の命中精度が高いに越した事はありません。しかし直進性を重視するあまり威力が強いと、命中した時に5円玉は大きく振幅し、次弾の命中を難しくします。

　片掛けでは、装填時の輪ゴムのテンションを意識して左右アンバランスにしますが、これを均等にすることを「平掛け」と呼びます。平掛けでは輪ゴムが銃身を離れる時に、後方から進んできた輪ゴムの後端が銃身先端で輪ゴムの先端を追い越します。その後はオセロのコマを裏返すような回転を始めますが、間もなく空気抵抗でタイヤが転がるような垂直の輪になって飛んで行きます。この回転の向きが変わる時に多少弾道の狂いが生じることがあります。ところがこのタイヤ状のリングを水平にフライングディスクのようにできると、コインペンドラム競技の5円玉とその上の糸に命中させるのに好都合な事に気付いた人達がいました。そして銃の上面でなく、側面に装填する「横掛け」が開発されたのです。銃の側面に平掛けされた輪ゴムは、発射後間もなく水平の輪になります。

　この変化は銃身が短いほど早く訪れます。そして銃身が短いと装填が早い上、命中弾による5円玉の揺れも小さいという利点もあります。意識して糸に命中させると更に揺れない事も分かってきました。こうしてコインペンドラムでは、横掛け式の銃に平掛けをするのが定着しつつあります。選手達は最適な銃身長や輪ゴムの性質の研究に励んでいます。片掛けの発見に続いて成績を飛躍的に向上させた発明といえるでしょう。

　このようにして競技の規定、輪ゴムの性質を熟知し、自分の手の大きさや銃の扱いの癖、照準のしやすさなどを考慮したゴム銃が作られていくのです。

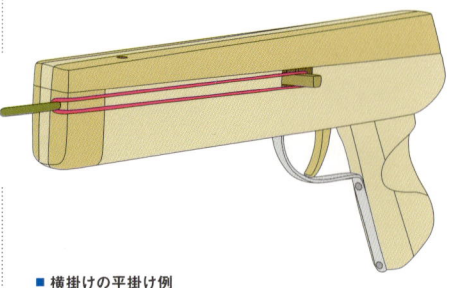

■ 横掛けの平掛け例
「SRBG2008 Hunter's CP」P76 参照

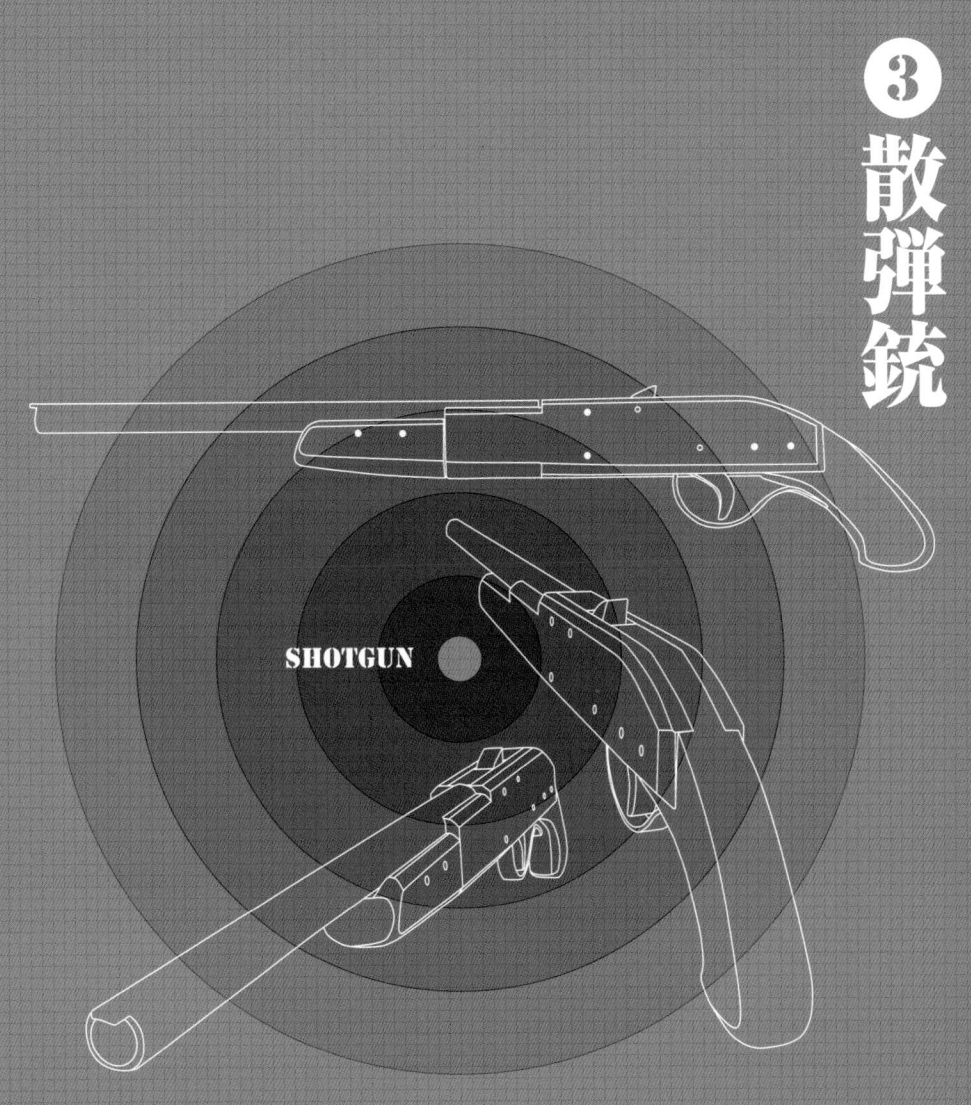

● THE ENCYCLOPEDIA OF RUBBER BAND GUNS ●

3 散弾銃

SHOTGUN

- Capacity: 1 round
- Bullet: #16
- Launching System: flash release

- Overall Length: 290 mm
- Barrel Length: 260 mm
- Overall Height: max 405 mm / min 380 mm
- Width: max 48 mm / min 32 mm
- Weight: : max 310 g / min 245 g

ゴム銃大図鑑
THE ENCYCLOPEDIA OF RUBBER BAND GUNS

● THE PICTURE BOOK OF RUBBER BAND GUN ●

001

2002年制作／荒木 徹・鹿児島県

B1201 Grand Master P

単発銃 SINGLE LAUNCHING GUN

連発銃 CONTINUOUS LAUNCHING GUN

散弾銃 SHOTGUN

機関銃 MACHINE GUN

- 装 弾 数：8発
- 適合装弾：16番
- 発射方式：圧力解放

オーバンドのホールドにパチンコ玉を採用。パチンコ玉の納まっている小部屋の床は、後方に向かって下る傾斜が付けてある。装填されたオーバンドが縮もうとする力で玉は前進。天井に押し付けられた玉がオーバンドの行く手を塞ぐ。引き金で玉を後方に押すと間隙ができてオーバンドがリリースされる。非常にユニークな発射方式。

■ 素材：合板、赤松、アルミ、パチンコ玉

【全長】300mm 【銃身長】245mm 【全高】135mm
【全幅】31mm 【重量】193g

● THE PICTURE BOOK OF RUBBER BAND GUN ●

002
2010年制作／鈴木直弥・東京都
びぃ○さあべる

- 装弾数：20発
- 適合装弾：16番
- 発射方式：瞬間解放

蛍光ピンクの太い銃身が、その名のごとくビームサーベルのように見える。押しボタンのように押し込むトリガーにより2つのホールドフックが同時に解放され、各10発、計20発のオーバンドは、ほぼリング状の配置のまま発射される。長い銃身長と同時発射数の多さで、16番とは思えないパワーを発揮する。

■ 素材：朴、塩ビパイプ　　■ 仕上：スプレーラッカー、白、蛍光ピンク

【全長】605mm 【銃身長】455mm 【全高】48mm 【全幅】70mm 【重量】333g

● THE PICTURE BOOK OF RUBBER BAND GUN ●

003

2004年制作／中村光児・東京都

**Hunter
High Power
2004FR**

- 装弾数：1〜13発
- 適合装弾：16〜370番
- 発射方式：瞬間解放

単発銃 SINGLE LAUNCHING GUN

連発銃 CONTINUOUS LAUNCHING GUN

散弾銃 SHOTGUN

機関銃 MACHINE GUN

【全長】最大：1100mm／最小：530mm 【銃身長】最大：650mm／最小：405mm
【全高】175mm 【全幅】最大：68mm／最小：46mm 【重量】最大：905g／最小：360g

136

● THE PICTURE BOOK OF RUBBER BAND GUN ●

パワー優先の堅牢なモデル。アタッチメントの装着で、ショットガンやバズーカに変身。オーバンド16番でも確実にリリースできる瞬間解放式を採用。アタッチメントには雨樋を使っている。ショットガンとして使う場合には16番を13発放射状に発射。飛翔する獲物や遁走するゴキブリも一撃。

■ 素材：松、桧、朴、真鍮丸棒、真鍮パイプ、ヒートン、4mm径引きバネ2本、木ネジ、塩ビパイプ（アタッチメント）　■ 仕上：オイルステイン、スプレーペンキ

004

2009年制作／中村光児・東京都

SRBG2009
Transformation

- 装 弾 数：1〜5発
- 適合装弾：16〜320番
- 発射方式：瞬間解放

細い銃身をセットするとカリブの海賊が持つ古式銃のような単発銃。これを抜いて筒状の銃身を被せると、暴徒鎮圧用のライオットガンのような散弾銃に変身。このパイプ型銃身を反転させると170番〜320番程度の強力弾が単発で発射できる。

- 素材：塩ビパイプ、朴、真鍮、ケヤキ
- 仕上：オイルステイン、蜜蝋

● THE PICTURE BOOK OF RUBBER BAND GUN ●

散弾銃
SHOTGUN

【全長】550mm 【銃身長】最大：405mm／最小：380mm 【全高】110mm
【全幅】最大：48mm／最小：32mm 【重量】最大：310g／最小：245g

● THE PICTURE BOOK OF RUBBER BAND GUN ●

単発銃 SINGLE LAUNCHING GUN

連発銃 CONTINUOUS LAUNCHING GUN

散弾銃 SHOTGUN

機関銃 MACHINE GUN

005
2009年制作／森 伸夫・愛知県

ダブルバレル ショットガン FAF04
（MADMAX仕様）

- 装弾数：10発
- 適合装弾：16番
- 発射方式：瞬間解放

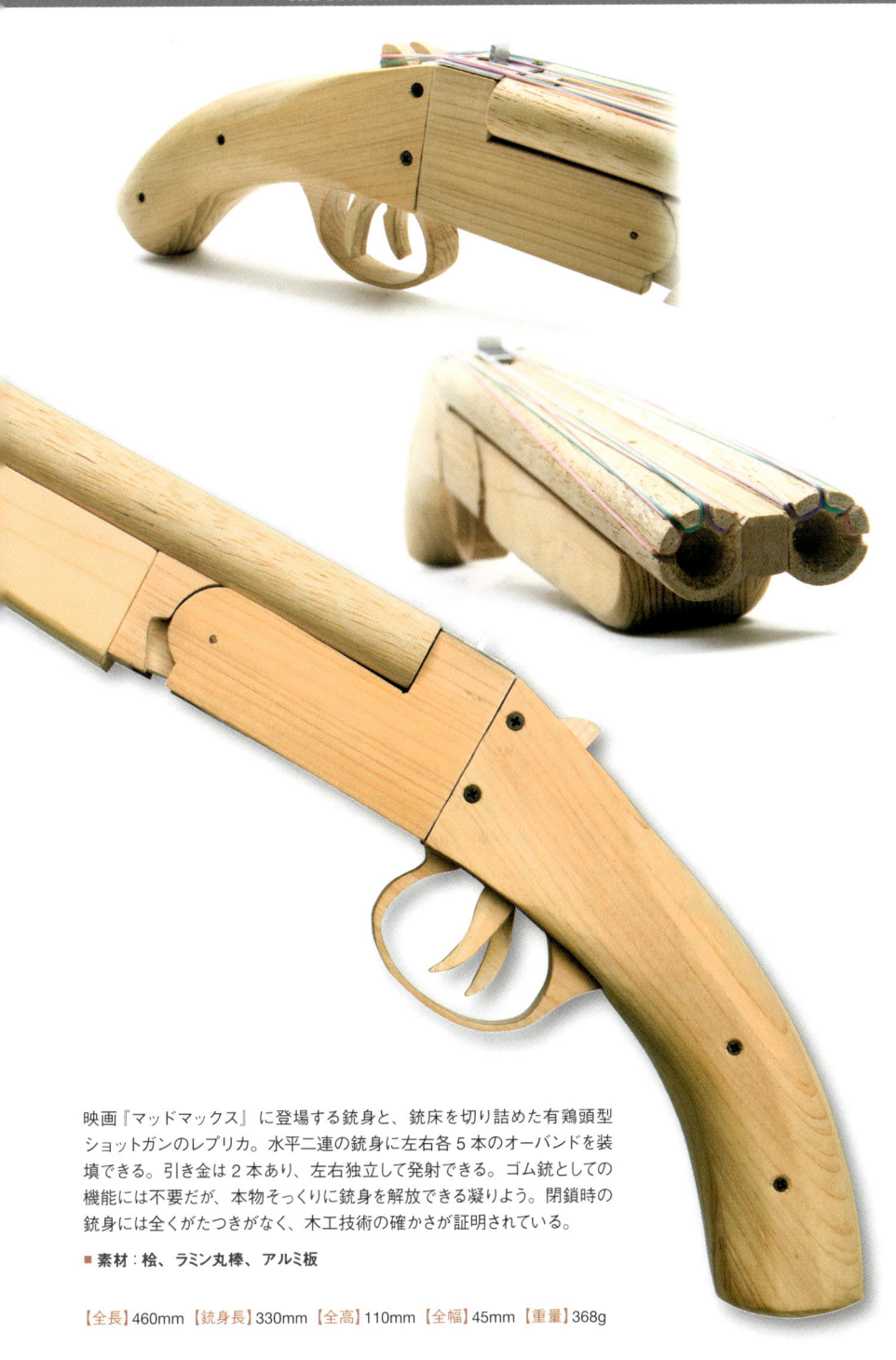

● THE PICTURE BOOK OF RUBBER BAND GUN ●

散弾銃 SHOTGUN

映画『マッドマックス』に登場する銃身と、銃床を切り詰めた有鶏頭型ショットガンのレプリカ。水平二連の銃身に左右各5本のオーバンドを装填できる。引き金は2本あり、左右独立して発射できる。ゴム銃としての機能には不要だが、本物そっくりに銃身を解放できる凝りよう。閉鎖時の銃身には全くがたつきがなく、木工技術の確かさが証明されている。

■ 素材：桧、ラミン丸棒、アルミ板

【全長】460mm 【銃身長】330mm 【全高】110mm 【全幅】45mm 【重量】368g

THE PICTURE BOOK OF RUBBER BAND GUN

006
2009年制作／一杉洋之・神奈川県

MR-4 水平2連散弾銃:ロンドンガン・テイスト

- 装弾数：8発
- 適合装弾：16番
- 発射方式：強制滑射（固定リリーサ）

単発銃 SINGLE LAUNCHING GUN

連発銃 CONTINUOUS LAUNCHING GUN

散弾銃 SHOTGUN

機関銃 MACHINE GUN

【全長】915mm 【銃身長】420mm 【全高】180mm
【全幅】56mm 【重量】1675g

142

● THE PICTURE BOOK OF RUBBER BAND GUN ●

水平二連型の散弾銃そっくりなこの銃では、これも散弾銃の装弾そっくりなカートリッジ1つに4本のオーバンドをセットする。薬室を閉じて、フォアグリップを引くと、銃身内部でオーバンドが伸ばされてスタンバイ。ダブルトリガーで左右の銃身を打ち分けられる。外観だけでなく、機能的にも猟銃そっくり。中村光児所蔵。

■ 素材：アルミ、ナラ、黒檀、真鍮板、真鍮角材、真鍮丸棒、ステンレスロープ、ステンレスバネ棒、ネジ、テフロンテープ

輪ゴム選びは自己満足？

　ゴム銃について考える時、様々な要素がありますが、やはり輪ゴムあってのゴム銃ですからちょっと輪ゴムについて考えてみましょう。輪ゴムはホースのようなゴムチューブを輪切りにして作られています。このチューブの直径が輪ゴムの大きさになり、内側を測った寸法が内径といってサイズの基準になっています。日本でこの製法で初めて輪ゴムを作ったのは、株式会社共和で、自転車のチューブを輪切りにしたのが始まりだそうです。その時の直径１インチ（約2.54センチ）を12番と決め、1/4インチ増減する度に２番手数字が変わる現在のサイズ表示になっています。本書に掲載した多くのモデルでも適合サイズとしているオーバンド16番は、１と1/2インチで約3.8センチの内径を持っています。チューブの肉厚を厚み、輪切りにする時の幅を切り幅と呼び、この切り幅でもサイズの呼称が変わります。日本国内で輪ゴムといえば、一番オーソドックスなのが16番で共和以外のメーカーでも同じ品番を採用しています。

　さて、純粋に輪ゴムを探求していると紙面がいくらあっても足りませんので、ゴム銃に関する視点に限定して考察してみましょう。弘法は筆を選ばずなどと言いますが、ゴム銃の競技において選手達は銃を選ぶのはもちろん、輪ゴムも厳選しています。自作の銃に全幅の信頼を置き、射撃の姿勢や狙い方に自信を持つ為には、弾丸である輪ゴムへの疑念は払拭しておかなければならないのです。一口に16番といってもメーカー、製品、生産ロットなどによりかなり性質が違ってきます。外国製に目立つ、厚みや切り幅が不均一なのは論外です。国産の信頼できるメーカーのものでも製品により成分の違いで伸び率にかなり差があります。天然ゴムか、合成ゴムか、どんな顔料をどのくらい混ぜているのかといった違いでしょう。同じ品名のものでも色によって伸びが違ったりします。一概には言えませんが、片掛けではよく伸びるもの、平掛けでは伸びの少ないものがいいように思います。更に同じ梱包の中でも歪みや反りのあるものがあれば敬遠すべき対象となります。目で見て分からない微妙な違いを伸ばした時に指先で感じる事もあります。ここまでこだわって厳選した輪ゴムを使っても命中しなかったら、銃や腕前を疑わざるを得ないわけです。好成績の為にも、自分を納得させる為にも輪ゴム選びは大切なのです。

■ 輪ゴム・サイズ（原寸大）

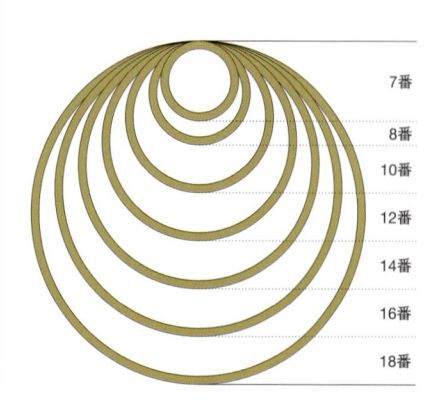

7番
8番
10番
12番
14番
16番
18番

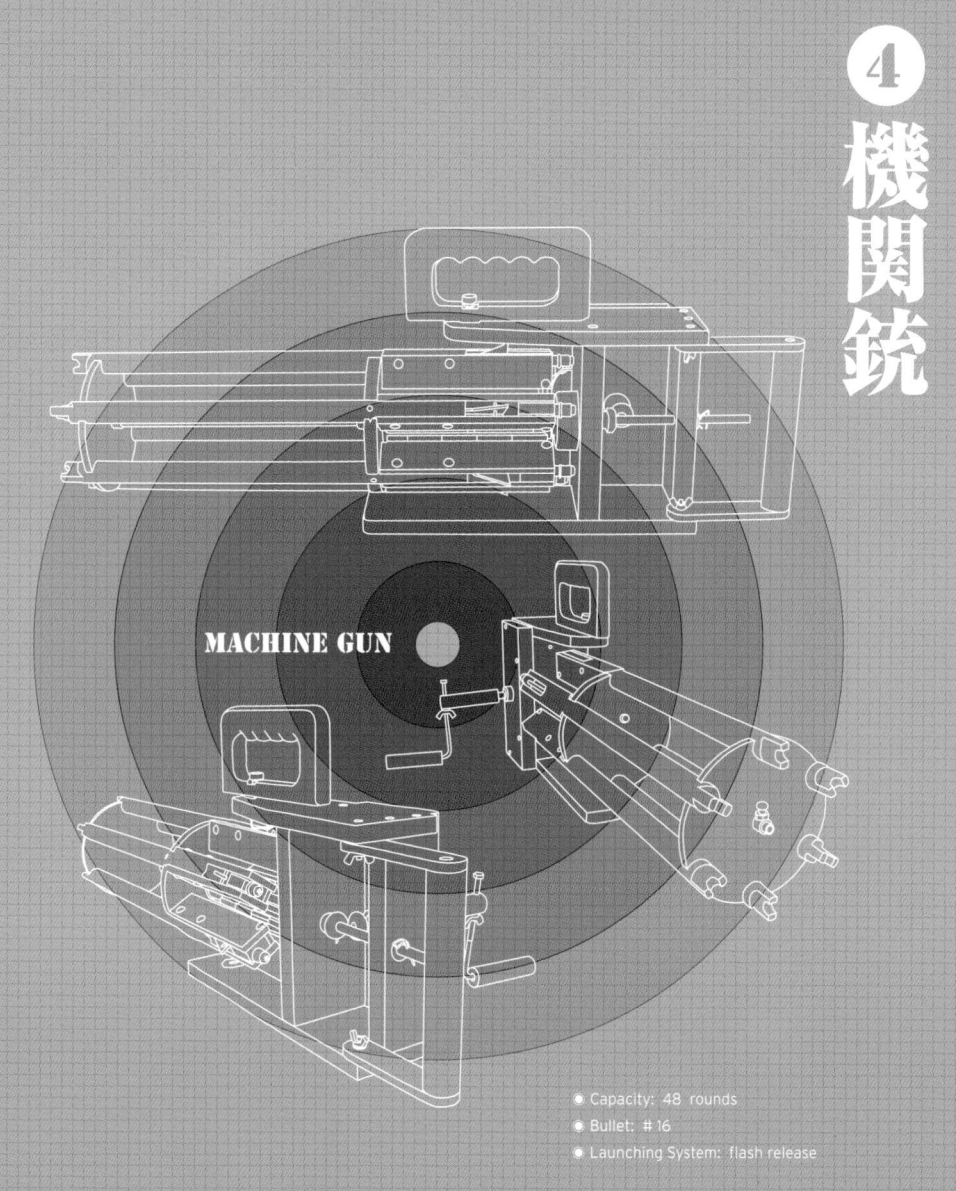

● THE ENCYCLOPEDIA OF RUBBER BAND GUNS ●

4 機関銃

MACHINE GUN

- Capacity: 48 rounds
- Bullet: #16
- Launching System: flash release

- Overall Length: 500 mm
- Barrel Length: 300 mm
- Overall Height: 210 mm
- Width: 130 mm
- Weight: 1255 g

ゴム銃
大図鑑
THE ENCYCLOPEDIA OF RUBBER BAND GUNS

● THE ENCYCLOPEDIA OF RUBBER BAND GUNS ●

001
2009年制作／新妻一樹・東京都

カチャロット

- 装弾数：15発
- 適合装弾：16番
- 発射方式：星型回転翼式

表面に酸化皮膜を持った鉄材で作られた、セミオートとフルオート切替式の連発銃。その色と形がまさにカチャロット（マッコウクジラ）。装填時は銃身を覆うカバーを前方に回転させて解放。フルオートの遅延装置はグリップ上部にあり、射手が握り加減で調整する構造。素材の質感を活かし、重厚なモデルに仕上げることに成功している。

■ 素材：鉄（SS400）平板、MDF板

【全長】360mm 【銃身長】205mm 【全高】152mm 【全幅】40mm 【重量】1035g

● THE ENCYCLOPEDIA OF RUBBER BAND GUNS ●

002
1999年制作／東根宏如・広島県
1999・0128式 短機関銃

V字型の画期的な遅延装置を使い、スピードコントロールに成功した記念すべき1挺。12発のオーバンドを小気味よいリズムで射出する。その後の遅延装置付きマシンガンの元祖ともいえる秀作。写真のモデルでは引き金の復帰にキックバネを採用しているが、応急の場合はオーバンドで機能回復が可能。

- 素材：ラワン合板
- 仕上：オリーブオイル、蜜蝋

【全長】282mm 【銃身長】170mm 【全高】140mm 【全幅】45mm 【重量】173g

- 装弾数：12発
- 適合装弾：16番
- 発射方式：二枚翼型回転翼式

003
2001年制作／東根宏如・広島県
2001・0501式 短機関銃

- 装弾数：12発
- 適合装弾：16番
- 発射方式：二枚翼型回転翼式

引き金の延長部に簡便に回転できるストッパーを設ける事で、セミオートとフルオートの切り換えを実現した。ストッパーを90度回転して解放するとマシンガン、戻して閉鎖すると連発銃となる。ストレートストックがいかにもサブマシンガンという演出。

- 素材：ラワン合板
- 仕上：オリーブオイル、蜜蝋

【全長】502mm 【銃身長】162mm 【全高】170mm 【全幅】45mm 【重量】274g

004

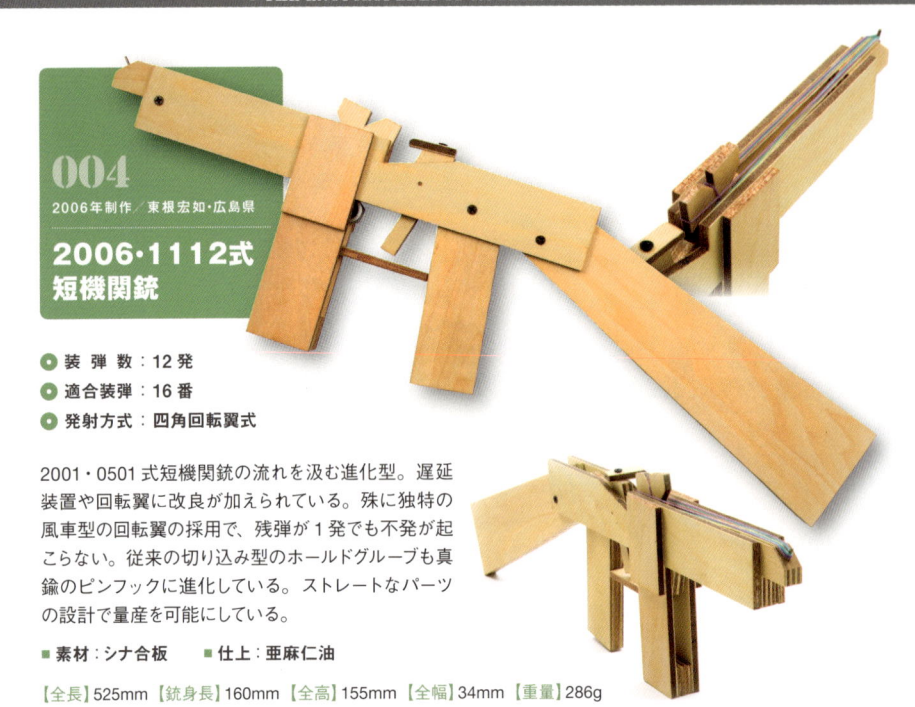

2006年制作／東根宏如・広島県

2006・1112式 短機関銃

- 装弾数：12発
- 適合装弾：16番
- 発射方式：四角回転翼式

2001・0501式短機関銃の流れを汲む進化型。遅延装置や回転翼に改良が加えられている。殊に独特の風車型の回転翼の採用で、残弾が1発でも不発が起こらない。従来の切り込み型のホールドグルーブも真鍮のピンフックに進化している。ストレートなパーツの設計で量産を可能にしている。

- ■素材：シナ合板　■仕上：亜麻仁油

【全長】525mm　【銃身長】160mm　【全高】155mm　【全幅】34mm　【重量】286g

005

2009年制作／松本孝史・神奈川県

MP3

- 装弾数：12発
- 適合装弾：16番
- 発射方式：四角回転翼式

折り畳みストックを有するセミ／フル切替式マシンガン。正方形の回転翼を制御、解放する事でセミオートとフルオートを使い分けられる。フルオート時には、一挙に発射されるバーストを抑える為にスチールのナットをバラストとした遅延装置が組み込まれている。

- ■素材：桧　■仕上：亜麻仁油

【全長】最大：531mm／最小：277mm　【銃身長】167mm　【全高】142mm　【全幅】38mm　【重量】160g

● THE ENCYCLOPEDIA OF RUBBER BAND GUNS ●

006
2004年制作／笹野 潔・北海道

PPK-Meister

- 装弾数：8発
- 適合装弾：16番
- 発射方式：四角回転翼式

コンピュータ（CAD）で設計したものをモデラー（CNC）で切り出した量産型フルオート専用ハンドマシンガン。遅延装置の一部がワルサーPPKのハンマー同様の動きをする。素材に共鳴する軽快な発射音が心地よい。遅延装置の構造は独自の設計によるが、松本孝史氏の着想に敬意を表し、氏のハンドルネーム「Meister」を名称に盛り込んでいる。

■ 素材：アクリル板（2、3、5mm厚、色：白、透明）プラステック・ネジ、真鍮パイプ、真鍮ナット

【全長】220mm 【銃身長】175mm 【全高】115mm 【全幅】15mm 【重量】165g

007
2005年制作／中村光児・東京都

Hunter's Steckin

- 装弾数：9発
- 適合装弾：16番
- 発射方式：四角回転翼式

ソ連の大型自動拳銃をゴム銃で再現。本物はセミオート、フルオート切替だが、このモデルはフルオートのみ。強度を保つ為、回転翼と引き金には黒染めしたアルミを使っている。用心鉄は、竹を曲げて作られている。シルバーに黒と透明ブルーを重ね、スチールウールで僅かに研ぎ出してスチール感を演出してある。機関部には笹野潔氏のPPK-Meisterの構造を採用している。

■ 素材：朴、桧、ブナ、竹、アルミ ■ 仕上：メッキ風銀、黒ラッカー、ブルー透明アクリル塗料、水性ニス、アルミ部黒染めスプレー

【全長】225mm 【銃身長】175mm 【全高】155mm 【全幅】35mm 【重量】203g

149

008

2009年制作／村上英俊・三重県

DoorKnocher FH

ハンドマシンガンに相応しいちょっと厳ついシルエット。東根宏如氏の開発したクローバー型の四角翼を採用し、オーバンドの巻き込みの安定を図っている。回転翼の後方に堅牢な遅延装置が仕込まれおり、その衝撃をチーク材を削り出した凝った作りのグリップが吸収する。

■ 素材：桧、チーク、真鍮

【全長】270mm 【銃身長】210mm 【全高】158mm 【全幅】32mm 【重量】219g

- 装 弾 数：12発
- 適合装弾：16番
- 発射方式：四角回転翼式

009

2010年制作／鈴木直弥・東京都

Gガンナー

- 装 弾 数：8発
- 適合装弾：16番
- 発射方式：回転翼式連発銃

引き金を含むメインフレームを共用し、機関部と一体化した銃身を交換できるユニークな着脱式の構造。それぞれのユニットにオーバンドを装填した状態で交換できる。ユニットはセミオートの三角回転翼とフルオートの四角回転翼。

■ 素材：朴 ■ 仕上：ラッカー

【全長】最大：340mm／最小：300mm 【銃身長】最大：220mm／最小：180mm
【全高】最大：190mm／最小：175mm 【全幅】30mm 【重量】最大：195g／最小：155g

● THE ENCYCLOPEDIA OF RUBBER BAND GUNS ●

010
2005年制作／一杉洋之・神奈川県

MR-3（iMac-11：イングラム・セミスケールモデル）

- 装弾数：20発
- 適合装弾：16番
- 発射方式：星型回転翼式

プレス量産型の短機関銃、イングラムをこつこつと手作りで制作。ずしりと重い真鍮ボディには遅延装置を伴ったギア状のホールドが組み込まれており、高速で20発のオーバンドを吐き出す。引き金をきっちり制御する安全装置まで再現されている。ユニークな着想、加工技術、更には粘り強い精神力があってこそ誕生した逸品。中村光児所蔵。

■ 素材：カシ、ケヤキ、黒檀、SUSバネ鋼、SUS平角棒、真鍮板、真鍮チャンネル、真鍮丸棒、真鍮パイプジョイント、コイルスプリング、Eーリング、ネジ類

【全長】最大：490mm／最小：270mm 【銃身長】160mm
【全高】145mm 【全幅】34mm 【重量】870g

THE ENCYCLOPEDIA OF RUBBER BAND GUNS

011
2009年制作／新妻一樹・東京都

コカトリス

- 装弾数：24発
- 適合装弾：16番
- 発射方式：星型回転翼式

コンパクトだが圧倒的な弾数で弾幕をはるハンドマシンガン。6枚歯の回転翼に24発のオーバンドを装填する為、フレームの幅を大きく採ってある。寸法、重量とも小型の拳銃そのもの。部位の適性に合わせてステンレスとアルミを使い分けたフルメタルモデル。

■ 素材：アルミ平板、アルミ型材、ステンレス平板

【全長】210mm 【銃身長】160mm 【全高】130mm
【全幅】40mm 【重量】710g

● THE ENCYCLOPEDIA OF RUBBER BAND GUNS ●

012
2009年制作／新妻一樹・東京都

イエティ

- 装弾数：30発
- 適合装弾：16番
- 発射方式：星型回転翼式

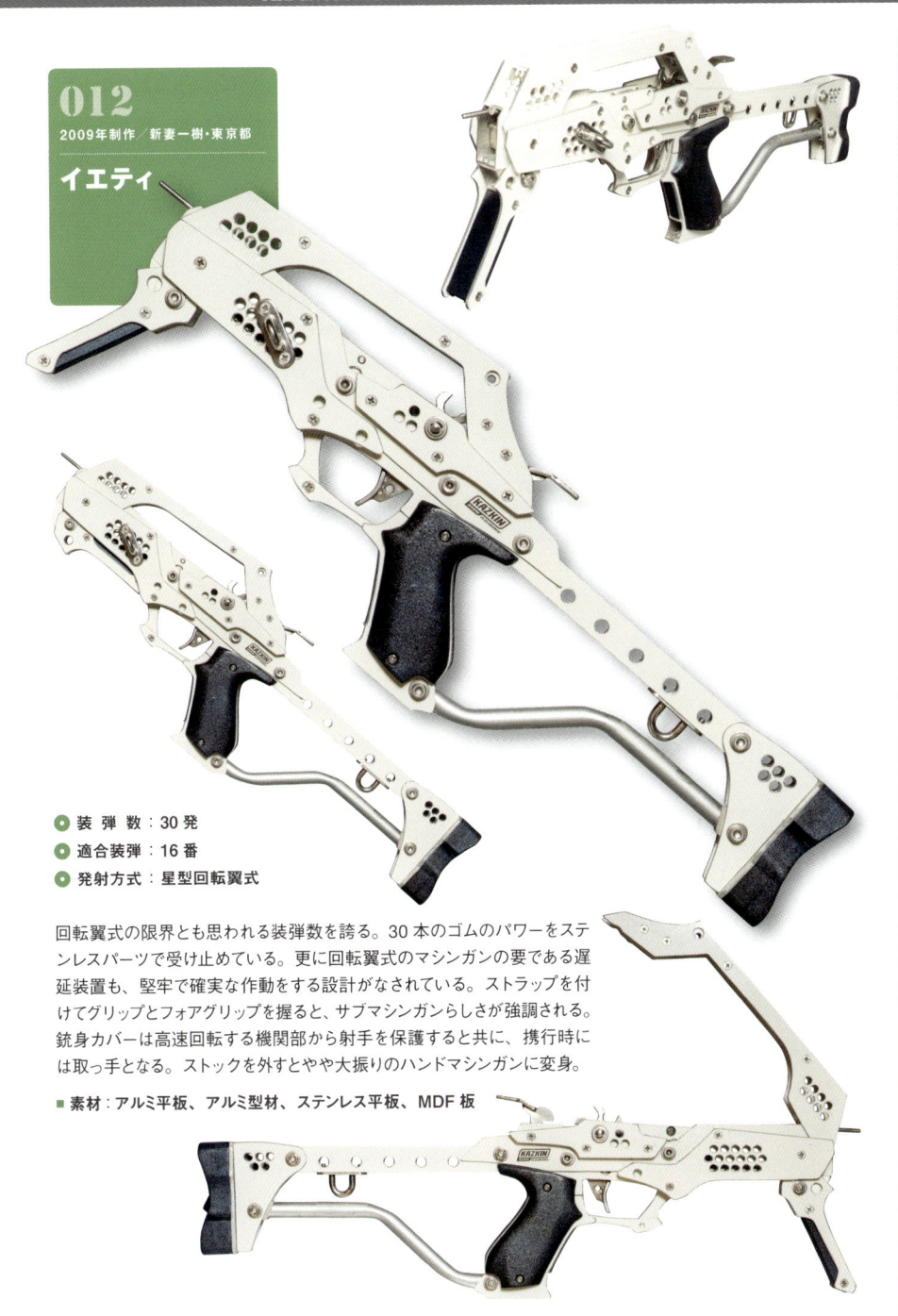

回転翼式の限界とも思われる装弾数を誇る。30本のゴムのパワーをステンレスパーツで受け止めている。更に回転翼式のマシンガンの要である遅延装置も、堅牢で確実な作動をする設計がなされている。ストラップを付けてグリップとフォアグリップを握ると、サブマシンガンらしさが強調される。銃身カバーは高速回転する機関部から射手を保護すると共に、携行時には取っ手となる。ストックを外すとやや大振りのハンドマシンガンに変身。

■ 素材：アルミ平板、アルミ型材、ステンレス平板、MDF板

【全長】最大：530mm／最小：320mm 【銃身長】200mm 【全高】180mm 【全幅】35mm 【重量】1300g

013

2007年制作／一杉洋之・神奈川県

LEM0702G
（ガトリング銃）

- 装弾数：48発
- 適合装弾：16番
- 発射方式：三角回転翼式

● THE ENCYCLOPEDIA OF RUBBER BAND GUNS ●

三角回転翼連発銃を6本束ねた構造。ドラムを回転させる事で、銃身後部の引き金がガイドワイヤーによって押し上げられて発射される。ハンドルは右サイドと後方にポジションが変えられる。上部のハンドルも90度向きを変えられるユニバーサル設計。中村光児所蔵。

■ 素材:ケヤキ、アガチス、ブナ、ラジアタパイン丸棒、ラジアタパイン集成材、カシ丸棒、黒檀、シナベニヤ、SUSバネ鋼、真鍮丸棒、真鍮板、SUSパイプ、ステンレス板、真鍮スペーサー、ナット、ビス、ワッシャー、木ネジ、傘歯車(ジュラコン)、蝶ナット　■ 仕上:オイル仕上げ(ナチュラル色)

【全長】500mm【銃身長】300mm【全高】210mm【全幅】130mm【重量】1255g

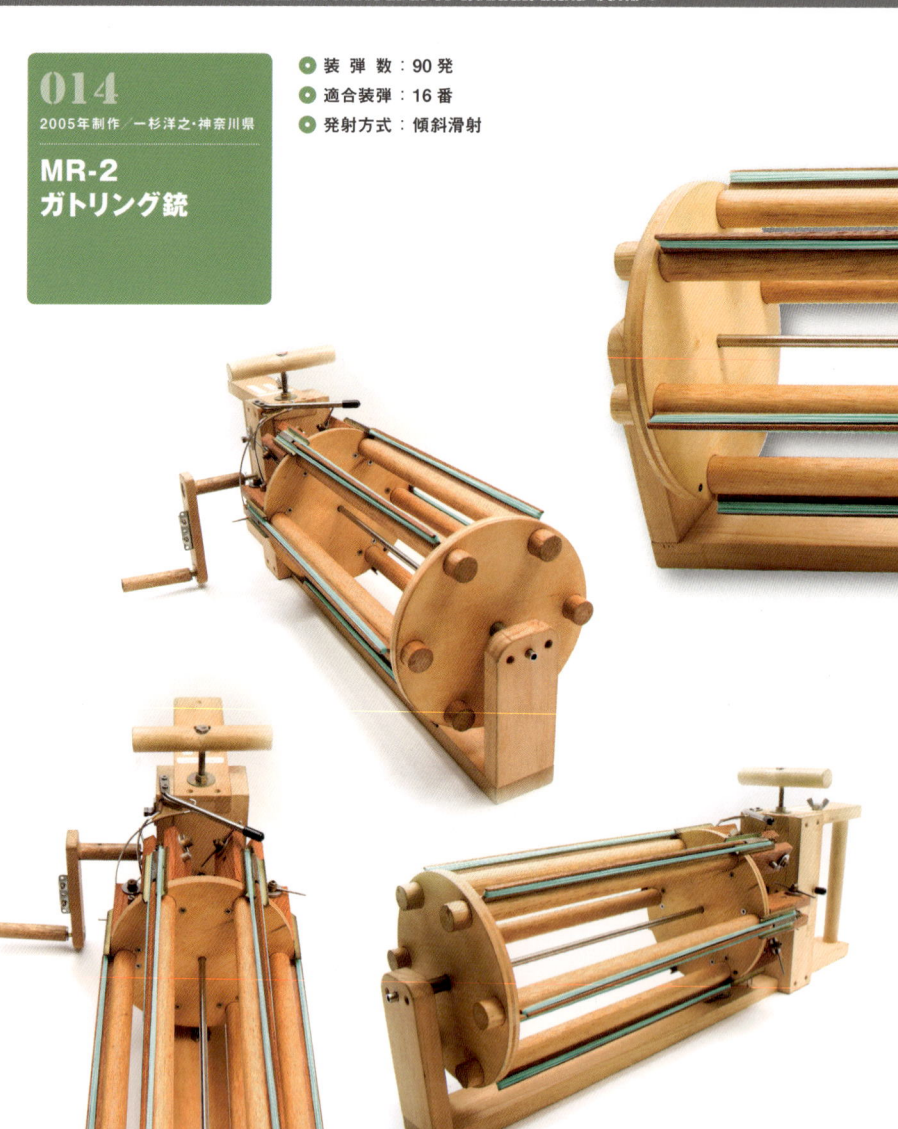

● THE ENCYCLOPEDIA OF RUBBER BAND GUNS ●

014
2005年制作／一杉洋之・神奈川県

MR-2 ガトリング銃

- 装弾数：90発
- 適合装弾：16番
- 発射方式：傾斜滑射

特殊なギア状のデイジーホイルと2本の軸を持つ、パイロットシャフトを組み合わせた堅牢なホールド機構。これを組み込んだ銃身を6本束ねてある。ハンドルを回転させると、上端に来た銃身のパイロットシャフトが強制的に回され、オーバンドをリリースする。高速回転により900発／分の発射が可能。中村光児所蔵。

■ 素材：ラミン丸棒、パイン集成材、ケヤキ、シナベニヤ、カシ、チーク、SUSバネ鋼、SUSパイプ、歯車、真鍮板、真鍮チャンネル、真鍮丸棒ネジ

● THE ENCYCLOPEDIA OF RUBBER BAND GUNS ●

単発銃 SINGLE LAUNCHING GUN

連発銃 CONTINUOUS LAUNCHING GUN

散弾銃 SHOTGUN

機関銃 MACHINE GUN

【全長】605mm 【銃身長】310mm 【全高】240mm 【全幅】280mm 【重量】1900g

157

THE ENCYCLOPEDIA OF RUBBER BAND GUNS

015
2008年制作／小川勇二・大阪府

P101
PEPRODUCTION
復元モデル

- 装弾数：30発
- 適合装弾：16番
- 発射方式：強制滑射（可動リリーサ）

この写真は復元モデル。オリジナルは作者が少年だった1976年頃と記憶されている。板材にたくさん立てられた竹串に上面20発、下面10発のオーバンドを装填。3/4程度に切り詰め、先を斜めに削ぎ落とした割り箸をオーバンドの下にくぐらせて手前に引くとマシンガンのようにバリバリと連射ができる。手動のフルオートという不思議な1挺。

■ 素材：割り箸、竹串、板材

【全長】350mm 【銃身長】最大：340mm／最小：200mm 【全高】113mm
【全幅】143mm 【重量】55g

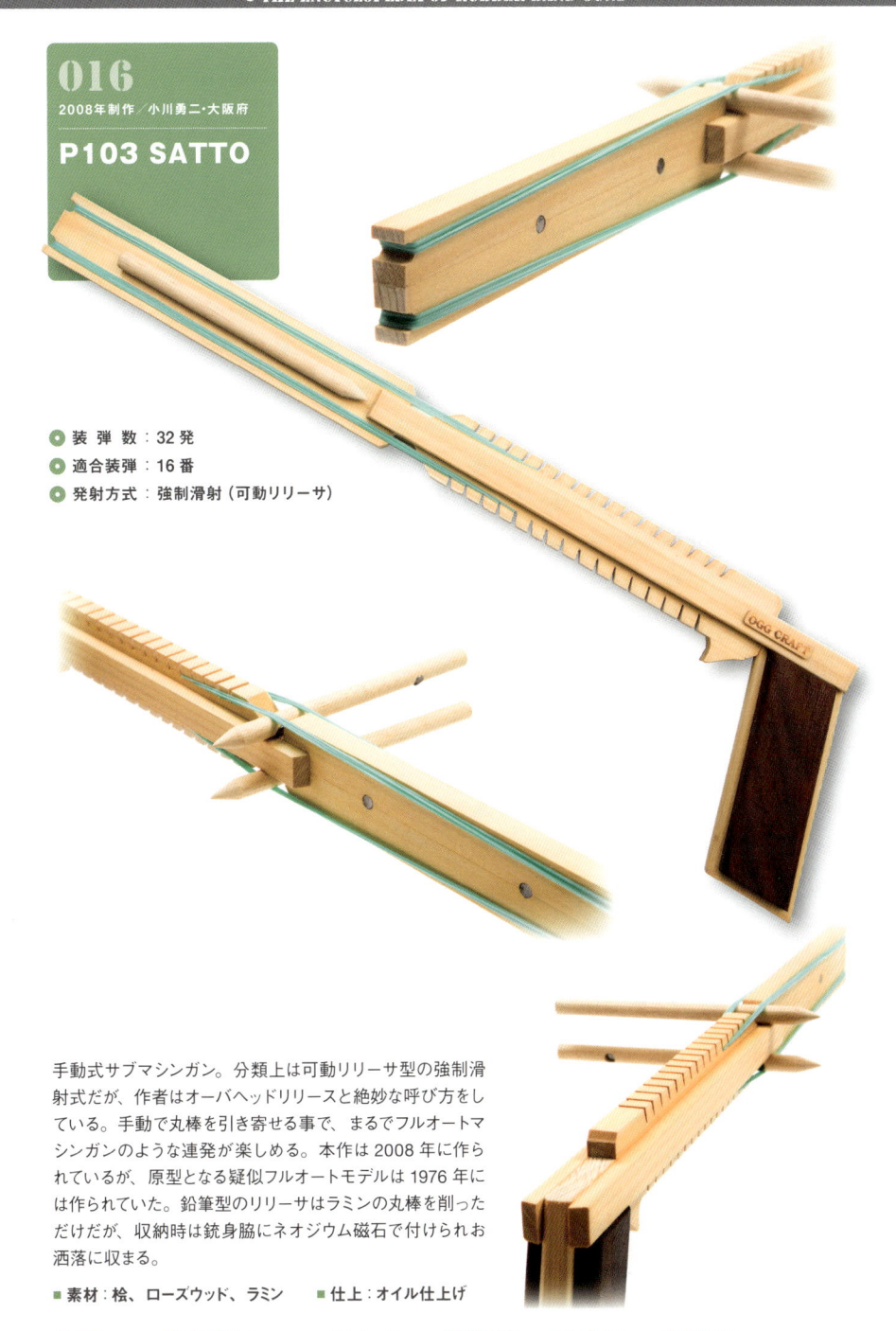

● THE ENCYCLOPEDIA OF RUBBER BAND GUNS ●

016
2008年制作／小川勇二・大阪府

P103 SATTO

- 装弾数：32発
- 適合装弾：16番
- 発射方式：強制滑射（可動リリーサ）

手動式サブマシンガン。分類上は可動リリーサ型の強制滑射式だが、作者はオーバヘッドリリースと絶妙な呼び方をしている。手動で丸棒を引き寄せる事で、まるでフルオートマシンガンのような連発が楽しめる。本作は2008年に作られているが、原型となる疑似フルオートモデルは1976年には作られていた。鉛筆型のリリーサはラミンの丸棒を削っただけだが、収納時は銃身脇にネオジウム磁石で付けられお洒落に収まる。

■素材：桧、ローズウッド、ラミン　■仕上：オイル仕上げ

【全長】420mm　【銃身長】最大：330mm／最小：205mm　【全高】117mm　【全幅】126mm　【重量】135g

017
2008年制作／小川勇二・大阪府
P504まーくん

- 装弾数：46発
- 適合装弾：16番
- 発射方式：ストリングリリース

銃身に立ったピン1本につき、2～3本のオーバンドをピンに巻き付けたタコ糸でリリースする、ストリングリリース方式。本体内部に後方から銃身を装填し、銃身から伸びたタコ糸を本体下部の糸巻きで巻き上げる。銃身は巻き上げと共に徐々に後退する。折り畳み可能なハンドル、スマートなバイポッドなど細部にも作者のセンスが光る。

- 素材：本体及びバレル：ラミン、サイドプレート及びグリップ：チーク
- 仕上：ウレタンニスの薄塗り仕上げ

● THE ENCYCLOPEDIA OF RUBBER BAND GUNS ●

【全長】600mm 【銃身長】最大：370mm／最小：240mm
【全高】233mm 【全幅】290mm 【重量】500g

018

2001年制作／小川勇二・大阪府

P203 TANDEM BARREL

- 装 弾 数：50発
- 適合装弾：16番
- 発射方式：強制滑射（可動リリーサ）

ソーブレード＆シャークフィン方式の連発を電動化する事でマシンガンに進化させた記念すべき一作。装弾数を稼ぐ為に銃身を2段にし、前半25発、後半25発の計50発を連射できる。オーバンドの重なりを防ぐ為にノコギリ状のホールドフックは緩やかに傾斜させてある。この50個のホールドフックは全て糸鋸で手作業で刻んだという。引き金上部のセレクタでセミオートとフルオートが切り換えられる。

■ 素材：アガチス、桧、朴、シルクウッド、ベニヤ、タミヤ製3速クランクギアボックスセット、単3バッテリーケース、リード線、コードホルダー、アルカリ単3電池2本

【全長】770mm 【銃身長】最大：300mm／最小：200mm
【全高】260mm 【全幅】250mm 【重量】560g

● THE ENCYCLOPEDIA OF RUBBER BAND GUNS ●

機関銃

MACHINE GUN

THE ENCYCLOPEDIA OF RUBBER BAND GUNS

019
2010年製作／宮田正隆・茨城県

M38TA easy VI-II K-3000 ver1.05 マシンガン

- 装弾数：30発
- 適合装弾：16番
- 発射方式：強制滑射（可動リリーサ）

古代魚を思わせる厳ついボディに、あたかも背骨のように２段のソーブレード型のホールドフックが仕込まれている。引き金とポンプアクションによる発射の他、右サイドのリセットレバーを一気に引く事で手動（疑似）フルオートも可能。

■ 素材：朴、桧、アガチス、真鍮ビス、オーバンド　■ 仕上：チークオイル仕上

【全長】765mm 【銃身長】最大：325mm／最小：215mm 【全高】325mm 【全幅】199mm 【重量】690g

● THE ENCYCLOPEDIA OF RUBBER BAND GUNS ●

単発銃 SINGLE LAUNCHING GUN

連発銃 CONTINUOUS LAUNCHING GUN

散弾銃 SHOTGUN

機関銃 MACHINE GUN

165

020

2006年制作／小川勇二・大阪府

P503 DOTT DEL

- 装 弾 数：504 発
- 適合装弾：16 番
- 発射方式：ストリングリリース

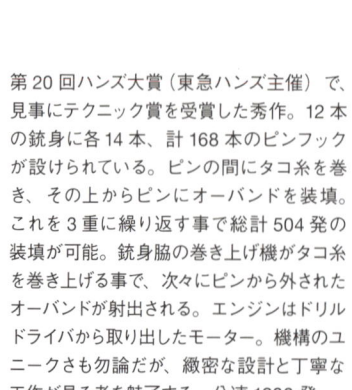

第 20 回ハンズ大賞（東急ハンズ主催）で、見事にテクニック賞を受賞した秀作。12 本の銃身に各 14 本、計 168 本のピンフックが設けられている。ピンの間にタコ糸を巻き、その上からピンにオーバンドを装填。これを 3 重に繰り返す事で総計 504 発の装填が可能。銃身脇の巻き上げ機がタコ糸を巻き上げる事で、次々にピンから外されたオーバンドが射出される。エンジンはドリルドライバから取り出したモーター。機構のユニークさも勿論だが、緻密な設計と丁寧な工作が見る者を魅了する。分速1200 発。

- 素材：ラミン、ブナ、クリ、チーク、タコ糸、ギアードモーター、単 3 バッテリーケース、リード線、スイッチキット、ボルトソケット
- 仕上：チークオイル

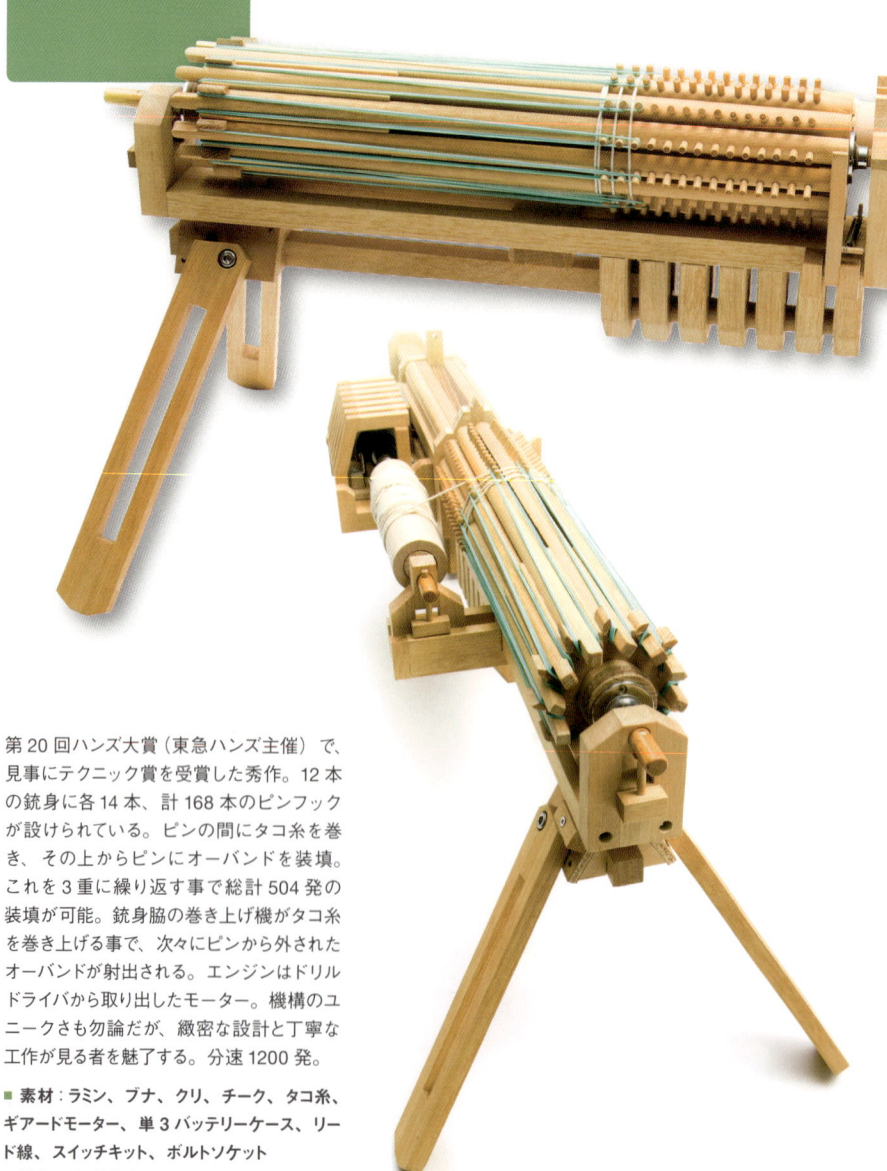

● THE ENCYCLOPEDIA OF RUBBER BAND GUNS ●

【全長】920mm 【銃身長】最大：320mm／最小：205mm
【全高】290mm 【全幅】270mm 【重量】2390g

機関銃 MACHINE GUN

- 装弾数：33発
- 適合装弾：16番
- 発射方式：強制滑射（可動リリーサ）

グリップの後方からストックが引き出せ、ロングマガジンのようなフォアグリップを握ると、まさに機関銃。が、しかし、発射はこのフォアグリップを手前に引く事による手動。フカヒレ状のリリーサは、引き加減で緩急自在に弾幕を張る。大量の装填の為に鋸状のホールド部だけでも20センチ以上あるが、弾速を保つ為に銃身前半が、半数の発射時にがくんと頭を下げて、第二の銃身先端が現れる。なんとも豪快。

- 素材：桧、朴、ラミン、アガチス、アルミ角パイプ、つまようじ、オーバンド、コイルスプリング
- 仕上：木部保護ワックス

【全長】最大:760mm／最小:523mm 【銃身長】最大:320mm／最小:210mm 【全高】240mm 【全幅】36mm 【重量】260g

021
2002年制作／小川勇二・大阪府

P207
DANMAC

022

2004年制作／中村光児・東京都

Screw Driver 2004SMG

- 装弾数：32発
- 適合装弾：16番
- 発射方式：強制滑射（可動リリーサ）

アルミの櫛をホールドフックに使ったソーブレード＆シャークフィン方式のマシンガン。エンジンには電動ハンドドリルを使い、アルミプーリーと駆動ベルトで長ネジのシャフトを回す。シャフトにセットされたロングナットに取り付けられた、フカヒレ型のリリーサが後退しながらオーバンドを発射する。発射速度：320発／分。

■素材：松、桧、朴、アガチス、塩化ビニルパイプ（雨樋）、6mm長ネジ、ロングナット、エンドナット、ヒートン、蛍光アクリル、木ネジ、アルミ製プーリー、6mm駆動ベルト、アルミ櫛　■仕上：水性シーラー、黒艶消しスプレーペイント

【全長】355mm　【銃身長】最大：280mm／最小：190mm　【全高】260mm　【全幅】65mm　【重量】1570g

THE ENCYCLOPEDIA OF RUBBER BAND GUNS

023
2007年制作／中村光児・東京都

SRBG2007
SideWinder

- 装 弾 数：200発
- 適合装弾：16番
- 発射方式：ストリングリリース

小川勇二氏が開発した手動ストリングリリース方式をヒントに、回転銃身を持つマシンガンに発展させたもの。同氏のP503 DOTT DELと全く並行して開発が進んでいた事が後から判明。充電式コードレスドリルドライバをエンジンとして採用。銃身、ストリングガイド、ワインダーの軸は、いずれも長ネジで、垂直フレームに固定されている。水平フレームには、3カ所にネジ穴があり、フォアグリップやカメラ用三脚の取り付けが可能。発射速度：1000発／分。

- 素材：ケヤキ、桜、桂、桧、ブナ、全ネジ、塩ビ水道管、アルミ棒、アルミプーリー、ビニルベルト他　■ 仕上：木部、チークオイル仕上げ、塩ビ部及びプラスチック部、黒艶消しラッカー

【全長】470mm 【銃身長】最大：240mm／最小：125mm 【全高】最大：250mm／最小：220mm 【全幅】120mm 【重量】1575g

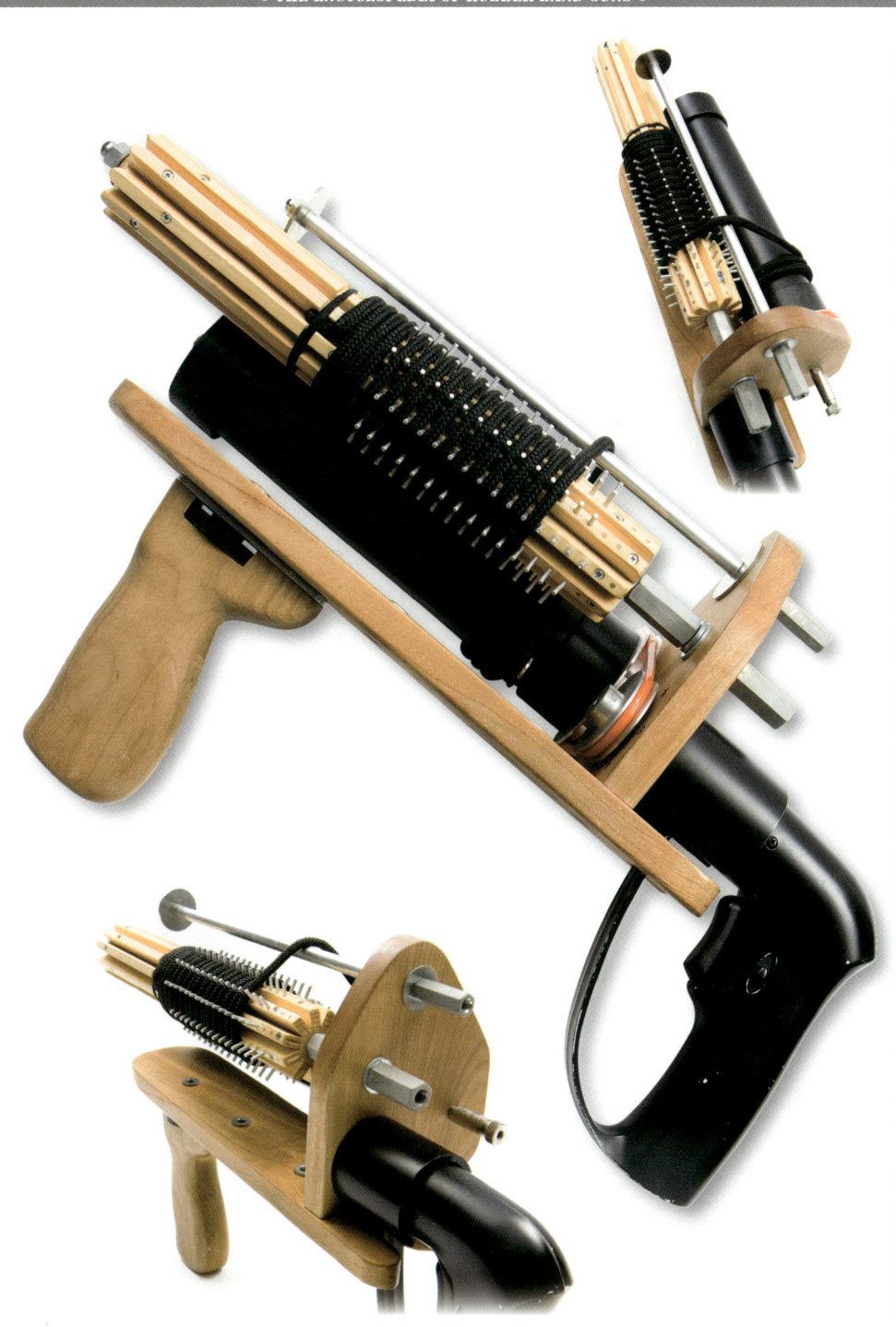

● THE ENCYCLOPEDIA OF RUBBER BAND GUNS ●

機関銃 MACHINE GUN

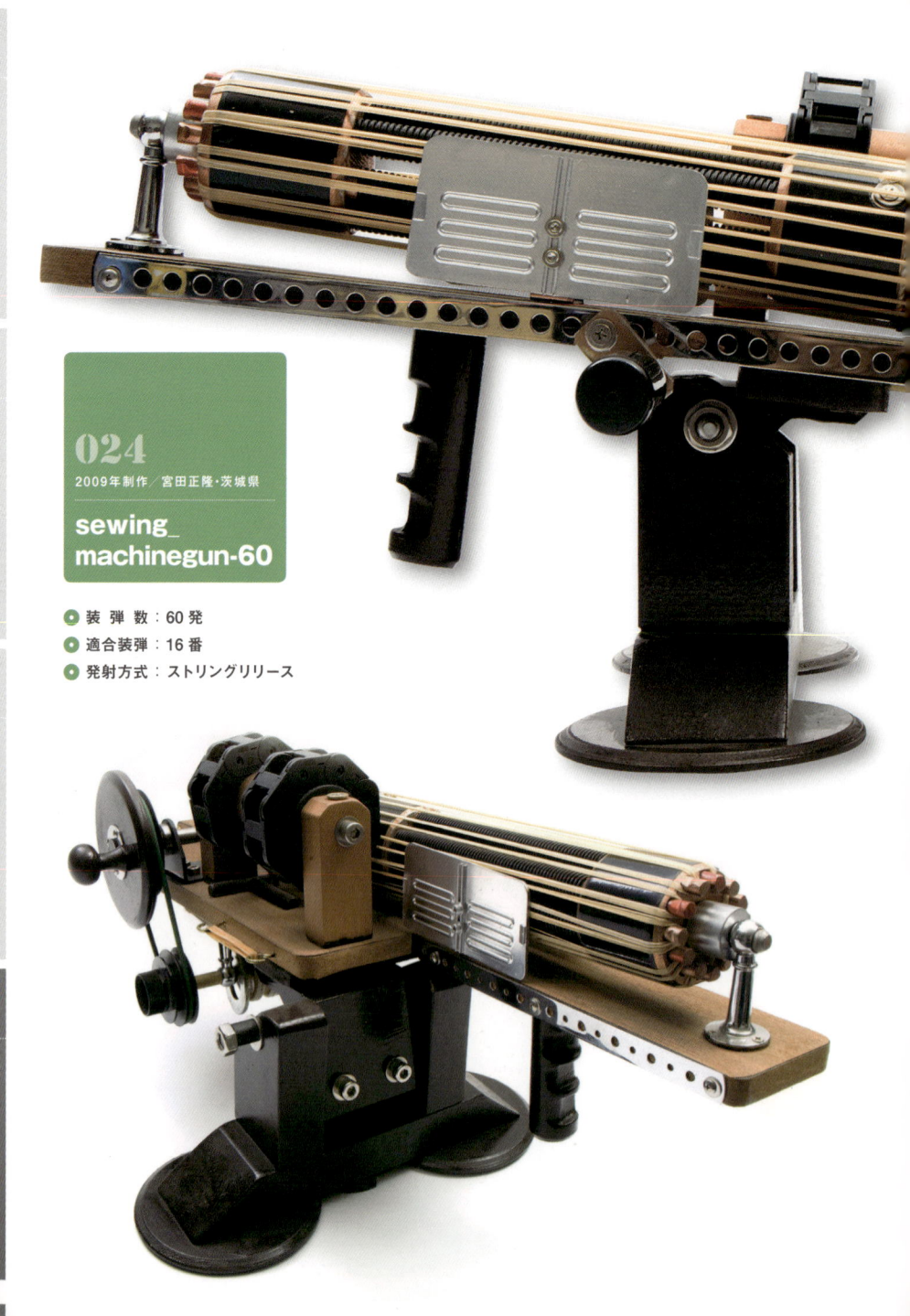

● THE ENCYCLOPEDIA OF RUBBER BAND GUNS ●

024
2009年制作／宮田正隆・茨城県

sewing_ machinegun-60

- 装弾数：60発
- 適合装弾：16番
- 発射方式：ストリングリリース

単発銃 SINGLE LAUNCHING GUN

連発銃 CONTINUOUS LAUNCHING GUN

散弾銃 SHOTGUN

機関銃 MACHINE GUN

● THE ENCYCLOPEDIA OF RUBBER BAND GUNS ●

手動巻き上げ式のストリングリリース機関銃。3つのグリップとストックを使い、様々な構え方が可能。デザインにも色彩にもアンティークな雰囲気が漂っている。装弾数は多くはないが非常に存在感のあるマシンガン。

■ 素材：桧、松、アルミ板、プラスチック材、電線カバー、ワッシャー、丸ベルト、6ミリボルト、プラグリップ、ナイロンテープ、金具ステー、ハンガー金具　■ 仕上：アクリルスプレー（ブラウン）、銅メッキスプレー

【全長】730mm 【銃身長】400mm 【全高】220mm 【全幅】359mm 【重量】3300g

024
sewing_machinegun-60

● THE ENCYCLOPEDIA OF RUBBER BAND GUNS ●

機関銃 | MACHINE GUN

175

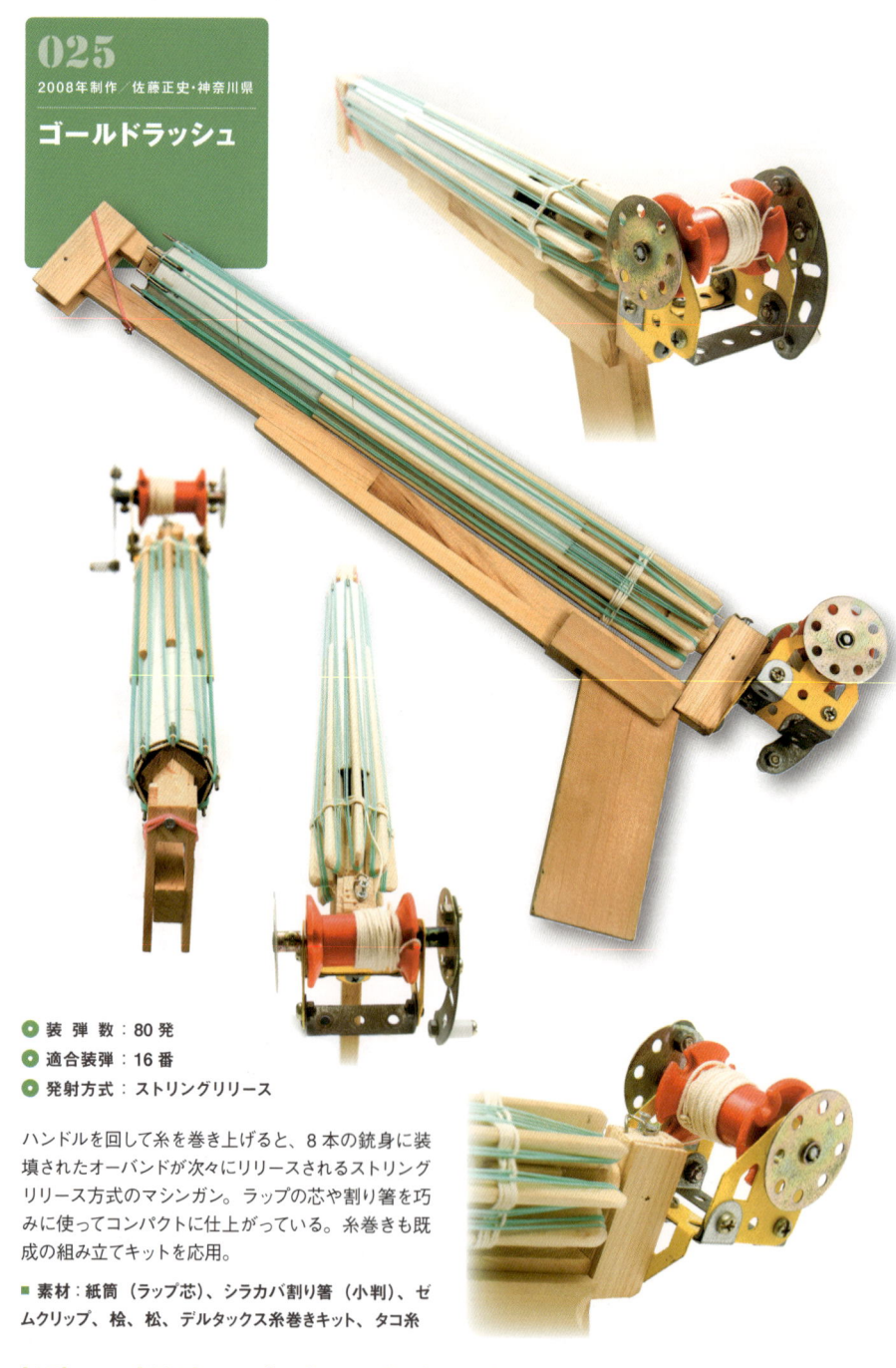

025
2008年制作／佐藤正史・神奈川県
ゴールドラッシュ

- 装弾数：80発
- 適合装弾：16番
- 発射方式：ストリングリリース

ハンドルを回して糸を巻き上げると、8本の銃身に装填されたオーバンドが次々にリリースされるストリングリリース方式のマシンガン。ラップの芯や割り箸を巧みに使ってコンパクトに仕上がっている。糸巻きも既成の組み立てキットを応用。

■ 素材：紙筒（ラップ芯）、シラカバ割り箸（小判）、ゼムクリップ、桧、松、デルタックス糸巻きキット、タコ糸

【全長】410mm 【銃身長】299mm 【全高】185mm 【全幅】85mm 【重量】232g

● THE ENCYCLOPEDIA OF RUBBER BAND GUNS ●

026
2008年制作／佐藤正史・神奈川県

ゴールドラッシュ・ボルテックス

- 装弾数：200発
- 適合装弾：16番
- 発射方式：ストリングリリース

手動のゴールドラッシュを電動に進化させた後継機。電動にした以外に銃身を斜めに寝かせ、渦巻状にセットする事で大幅な装弾数の増加とスムーズなリリースを実現している。軽量構造はそのままなので片手撃ちも可能。

■ 素材：紙筒（ラップ芯）、シラカバ割り箸（小判）、ゼムクリップ、アガチス、桧、キリ、松、RC-260 モーター（ギアボックス付属）、タコ糸、単三電池 3 本

【全長】505mm 【銃身長】309mm 【全高】150mm 【全幅】46mm 【重量】398g

● THE ENCYCLOPEDIA OF RUBBER BAND GUNS ●

027
2010年制作／柴田将行・東京都

WOLF HOUND
Gatling

- 装 弾 数：828発
- 適合装弾：16番
- 発射方式：ストリングリリース

現在は手動式だが、将来的に電動と両用に改良が計画されている。稼動部にベアリングを使うなど、円滑で高速な射撃への拘りが窺える。1本のピンに3本、最大828発のオーバンドを装填できるが、フル装填には約2時間を要する。

■ 素材：MDF、ラミン、炭素鋼、真鍮ピン、タコ糸

【全長】627mm 【銃身長】最大：250mm／最小：150mm
【全高】135mm 【全幅】285mm 【重量】2115g

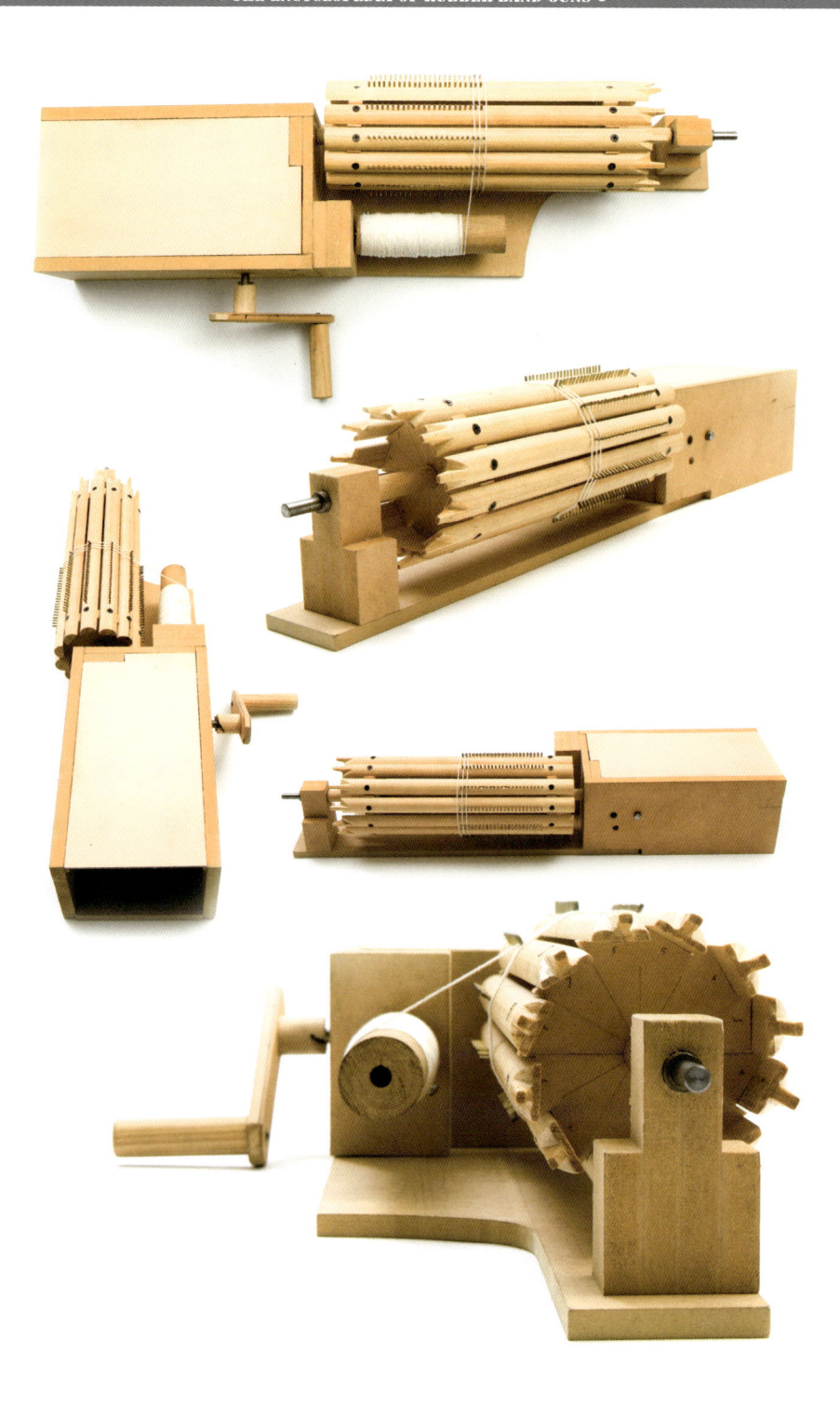

● THE ENCYCLOPEDIA OF RUBBER BAND GUNS ●

単発銃 | SINGLE LAUNCHING GUN

連発銃 | CONTINUOUS LAUNCHING GUN

散弾銃 | SHOTGUNS

機関銃 | MACHINE GUN

● THE ENCYCLOPEDIA OF RUBBER BAND GUNS ●

028
2010年制作／松本孝史・神奈川県

SMG01（B）

- 装弾数：48発
- 適合装弾：16番
- 発射方式：ストリングリリース

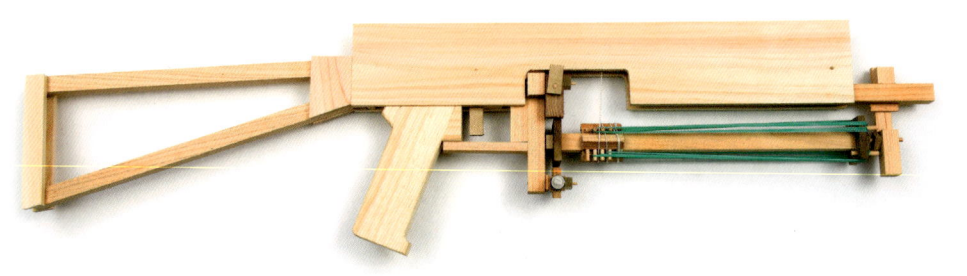

単発銃 SINGLE LAUNCHING GUN

連発銃 CONTINUOUS LAUNCHING GUN

散弾銃 SHOTGUN

機関銃 MACHINE GUN

180

● THE ENCYCLOPEDIA OF RUBBER BAND GUNS ●

ストリングリリースの巻き上げ動力に捻ったオーバンドを使ったユニークな構造。動力部はフレーム上部に入っており、銃身はフレームの下部にぶら下がっている。ストリングを引かれて常に回ろうとしている銃身をストッパーで抑えており、引き金の操作がストッパーを解除する仕組み。銃身の回転を制御する遅延装置でフルオートのスピードをコントロールしている。セミフル切替式。

■ 素材：桧、SPF 材

【全長】最大：660mm／最小：420mm 【銃身長】最大：197mm／最小：180mm
【全高】165mm 【全幅】58mm 【重量】270g

181

029

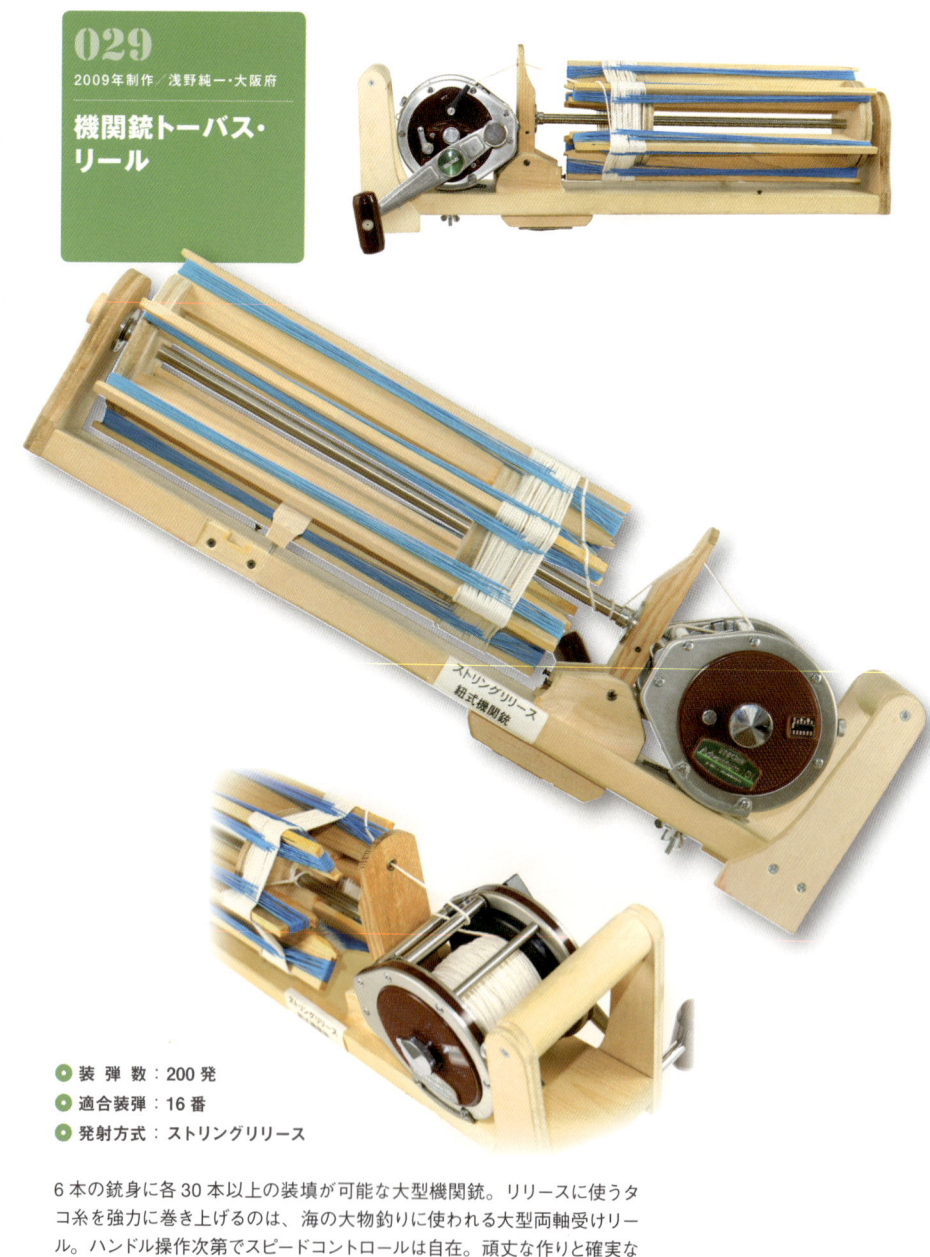

2009年制作／浅野純一・大阪府

機関銃トーバス・リール

- 装弾数：200発
- 適合装弾：16番
- 発射方式：ストリングリリース

6本の銃身に各30本以上の装填が可能な大型機関銃。リリースに使うタコ糸を強力に巻き上げるのは、海の大物釣りに使われる大型両軸受けリール。ハンドル操作次第でスピードコントロールは自在。頑丈な作りと確実な作動で快適な連射が楽しめる。

■ 素材：桧、合板、鉄パイプ、リール（リョービアドヴェンチャー101）、タコ糸

【全長】530mm 【銃身長】290mm 【全高】183mm 【全幅】157mm 【重量】1900g

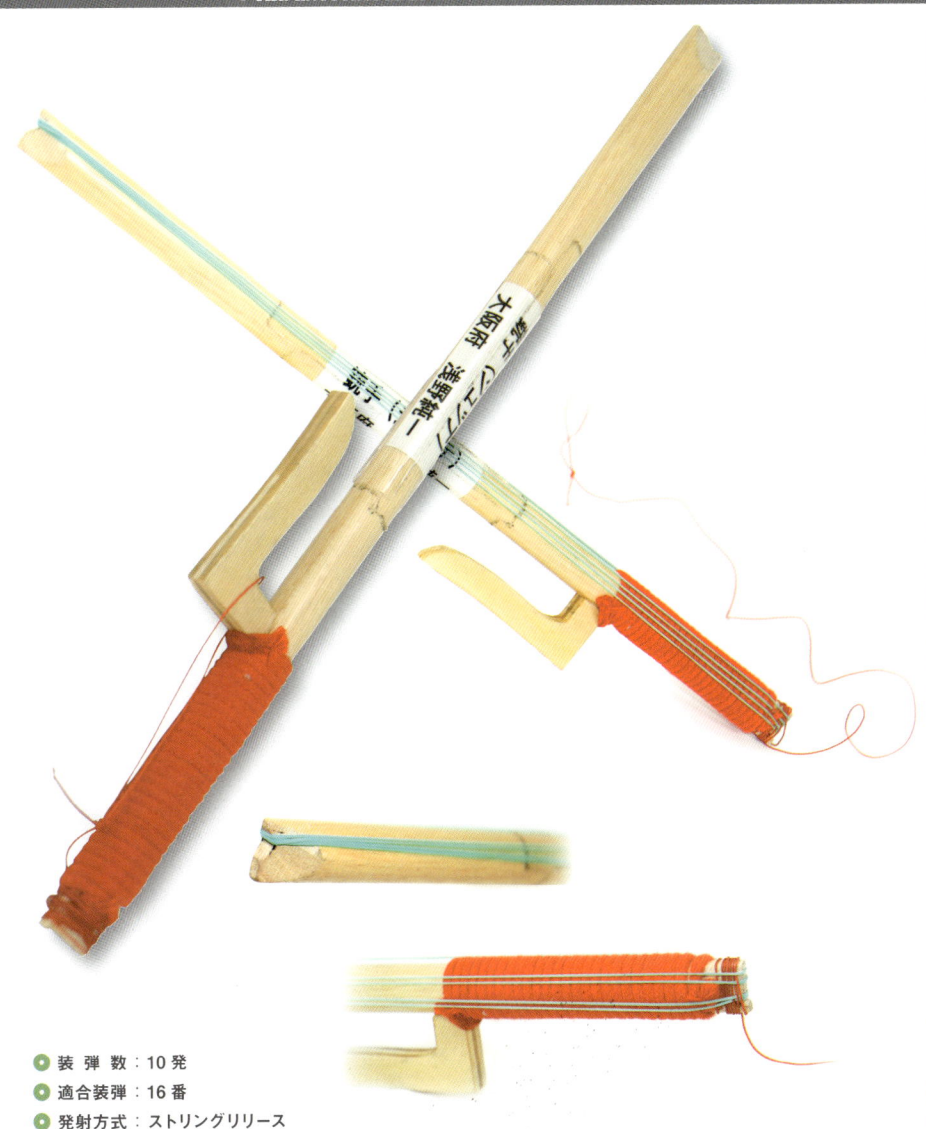

● THE ENCYCLOPEDIA OF RUBBER BAND GUNS ●

- 装弾数：10発
- 適合装弾：16番
- 発射方式：ストリングリリース

見てのとおり十手そのものの形状。取っ手の後方にオーバンドと紐を交互に掛けるストリングリリース方式で、長い全長がフルに銃身となる。鍵部分を片手で保持、空いた手で後方に紐を引いて発射する。岡っ引きが活躍した時代にはオーバンドが存在しなかったので、下手人の取り押さえに活躍した実績はないが、不意に現れるお勝手の害虫の制圧には活躍する事だろう。

■ 素材：ゴムの木丸棒、朱紐、合板、テグス　　■ 仕上：クリアラッカー

【全長】349mm 【銃身長】345mm 【全高】42mm 【全幅】19mm 【重量】53g

030
2009年制作／浅野純一・大阪府

アルサー銃手（じって）

031

2008年制作／中村光児・東京都

SRBG2010
Rear Winder

- 装弾数：120発
- 適合装弾：16番
- 発射方式：ストリングリリース

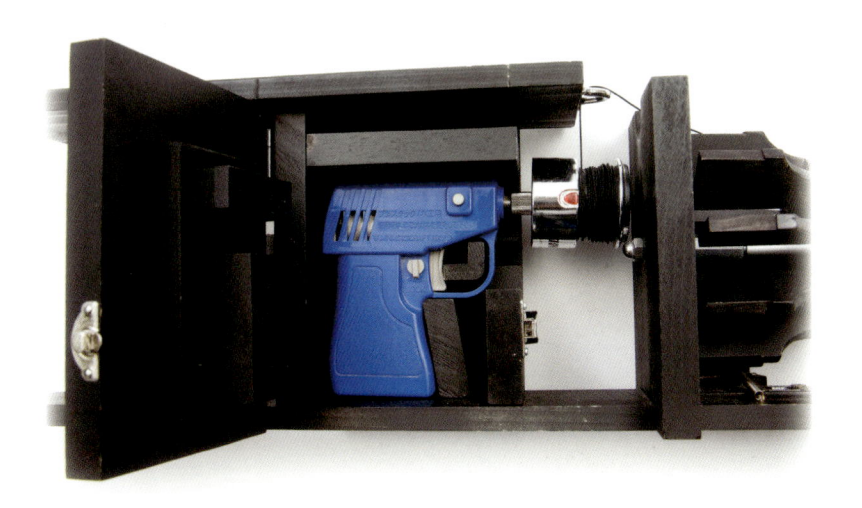

塩ビの水道管を銃身に採用した後方巻き上げ型のストリングリリース式マシンガン。エンジンに小型だがパワフルなタミヤの電池式ハンドドリルを使い、機関部もコンパクトに仕上がっている。銃身長が長く、高速に強力な弾幕を張る事が可能。発射速度：800発／分。

■素材:エゾマツ、桧、桜、朴、桂、塩ビパイプ、全ネジ、アルミパイプ、真鍮ピン、木ネジ、スピニングリールのスプール　■仕上：艶消し黒スプレーラッカー

【全長】750mm　【銃身長】365mm　【全高】150mm　【全幅】110mm　【重量】1900g

031
SRBG2010 Rear Winder

● THE ENCYCLOPEDIA OF RUBBER BAND GUNS ●

機関銃 MACHINE GUN

ゴム銃用語辞典

このゴム銃用語辞典は、本書に登場するゴム銃に関する用語を中心に監修者・中村光児が選択して掲載しています。本書には登場しない用語も含めゴム銃についての知識、愛好家間の共通認識に少なりとも貢献する事を旨として掲載しています。監修者は日本ゴム銃射撃協会理事長ですが、ここに掲載してある用語は、必ずしも日本ゴム銃射撃協会の公式用語とは限らず、またゴム銃愛好家の中でも様々に異論があることも考えられます。

原則としてゴム銃の専門用語、ゴム銃に関連して一般と異なる用法、解釈がある言語を立項の基準としています。一般の辞典と同じ解説になるものやゴム銃との関連に特記すべき要素の少ないものは対象としていません。

| 記述様式 | ●用語は、ひらがな表記で50音順に並んでいます。●音引きが入る場合、音引き記号「ー」を無視して次の音を順位の基準にしています。●【 】内は、漢字表記または一般的な表記を掲載してあります。●外来語や外国語表記が必要と思われる語句の場合、英語表記を（ ）で補填してあります。●同義語が存在する場合、＝で表しています。●対語がある場合、→で表しています。●その語を含む用語は、「〜用語」、「用語〜」としてまとめて掲載してある場合があります。●類似語、略称、通称などは〈 〉で括って紹介してある場合があります。|

―――あ―――

あがちす【アガチス】 ナンヨウスギ科の木材。ゴム銃の材料として多用される。きめが細かく、加工し易いが少々もろい。木目は目立たない。ステインで塗装すると斑が目立つ。

あご【顎】 ＝ジョー。各部の名称参照。

あつりょくかいほうしき【圧力解放式】 クリップや洗濯バサミなどで輪ゴムを挟み付けて保持し、これを開く事で発射する仕組み。

あっぱーろーでぃんぐ【アッパーローディング】(Upper Loading) ＝上掛け

あんぜんそうち【安全装置】 暴発事故を防ぐ目的で銃に施された装置。ゴム銃では希。引き金やホールドフックを固定するのが一般的。

うえがけ【上掛け】 銃身の上面に輪ゴムをセットする方法。最も普通な装填方法。構造的にも無理がなく設計がし易い。弾道が上方に偏向する傾向があるが、銃身の上面を的より下げて構えることになり、銃身が照準線を邪魔しないので狙い易い。照星を兼ねたホールドグルーブを設けることができるが、多くの場合上方偏向が助長される。＝アッパーローディング（Upper Loading）

おーばんど【オーバンド】(OBand) 株式会社共和の輪ゴムの商標。日本ゴム銃射撃協会では標準として推奨している。

おりたたみじゅうしん【折り畳み銃身】 主に携帯性の観点から畳んで全長を短縮できるようにした銃身。

―――か―――

かいてんよくしき【回転翼式】 回転するホールドフック（ブレード）で瞬間解放を連続して行う連発銃の機構。ホールドフックが自由に回転できる構造になっており、これをストッパー（トリガーの一部や中間部品）で制御するもの。ストッパーを排除し、その代わりに遅延装置を設けて機関銃とする事ができる。

かたがけ【片掛け】 輪ゴムの装填時に左右どちらかのみ、きつく伸ばして掛ける方法。短い銃身でも初速が早くなり、命中精度が上がると言われている。→平掛け

かどうりりーさ【稼動リリーサ】 強制滑射式の銃で固定されたホールドフックから輪ゴムを引き離す可動部品。〜型：強制滑射式の銃でリリーサが可動するもの。→固定リリーサ

ぎゃくはつ【逆発】 銃の構造上の欠陥や破損、銃身前方でのゴム切れ、過った装填などによる後方への発射。〜防止装置（または〜防止構造）：逆発事故を防止する装置。正確には逆発から射手を保護するだけで、逆発自体は防止できない構造のものが多い。

きょうせいかっしゃしき【強制滑射式】 輪ゴムを強制的にホールドから外す発射機構。固定リリーサ式と稼動リリーサ式に細分される。

くいっくろーだー【クイックローダー】(Quick Loader) 装填補助装置。予めこの器具に輪ゴムを装填しておく事で、銃への装填を迅速にできる器具。

ぐりっぷ【グリップ】(Grip) 銃を構える為に握る部分。＝銃把。〜フレーム（Frame）：握り部分の芯になる枠組み。各部の名称参照。

けいしゃかっしゃしき【傾斜滑射式】 ホールドフックを前傾させる事で輪ゴムを滑らせて発射する機構。構造が単純で製造が容易だが、トリガーが重くなり、リリースも不安定。

けやき【欅】 ゴム銃の材料になる木材。木目が美しくグリップに多用される。強度も優れている。

こいんぺんどらむ【コインペンドラム】(Coin Pendulum) 日本ゴム銃射撃協会公式競技の一種目。金属製の振り子型標的を1.2メートル距離から撃つ。〈略称CP〉

こうがくしょうじゅんき【光学照準器】 ＝スコープ。

こうかんじゅうしん【交換銃身】 銃本体から銃身の着脱が可能な構造の銃で、予備または目的別に用意された銃身。公式競技の種目別や獲物に合わせて長さやホールドグルーブの形状を変えたものなどを用意することがある。→固定銃身

こうしききょうぎ【公式競技】 日本ゴム銃射撃協会が定めている射撃競技。マッチボックス、フライシュート、コインペンドラムの3種目がある。〜場＝公式射撃場。

こうしきとくてんひょう【公式得点表】 日本ゴム銃射撃協会が定めている公式競技専用の記録用紙。

こうしきしゃげきじゅう【公式射撃銃】 公式競技規定に準拠した銃。＝公式競技銃。

こうしきしゃげきじょう【公式射撃場】 日本ゴム銃射撃協会の公式競技が常時2種目以上実施できる設備を備えた射撃場。〜指定：前述の条件を満たしていると認められる事。またはその呼称。

こうせんしょうじゅんき【光線照準器】 ＝レーザーサイト。

こていりりーさ【固定リリーサ】 強制滑射式の銃で輪ゴムをホールドフックから引き離す固定部品で可動しないもの。〜型：強制滑射式の銃でリリーサが固定されているも

の。リリーサが動かず、ホールドフックがリリーサやフレーム内部に移動することで発射される。→移動リリーサ

ごむぎれ【ゴム切れ】 装填時、あるいは装填後の保持状態において輪ゴムが切れること。

ごむじゅう【ゴム銃】 輪ゴムを発射する装置の総称。＝ゴム鉄砲。～のページ：ゴム銃に特化した個人管理のホームページ。

ごむじゅうきょうしつ【ゴム銃教室】 ゴム銃の制作を指導する事業。子供向けの割り箸ゴム銃が中心。

ごむじゅうおふぃしゃるがいどぶっく【ゴム銃オフィシャルガイドブック】 日本ゴム銃射撃協会理事長の中村光児が執筆したゴム銃の書籍。2009年2月発行。社会評論社。

ごむじゅうのぺーじ【ゴム銃のページ】 ゴム銃に拘ったインターネット上のホームページ。本書の監修者が管理。

――――― さ ―――――

さいだいとうたつきょり【最大到達距離】 その銃で装弾、装填方法、発射角など最適な条件で発射された弾の到達距離。一般に有効射程距離の数倍から十倍に達する。

さいと【サイト】(sight) 照準装置。従来からの照星（フロントサイト）と照門（リアサイト）を組み合わせたもの、単なる筒を付けたものから、光学式のスコープやレーザーサイト、ダットサイトなどの総称。

さいどろーでぃんぐ【サイドローディング】(Side Loading) ＝横掛け。

さきだい【先台】 ＝フォアグリップ。

さむれすと【サムレスト】(Thumb Rest) 銃把や銃床基部に設けられた親指の定位置。溝状に削ってあるか、親指が乗るように隆起部を設ける。各部の名称参照。

さんだー【サンダー】(Sander) 紙ヤスリを取り付けた板状の部品が律動したり、帯状の紙ヤスリが回転する電動の研磨装置。

さんだん【散弾】 同時に発射され、拡散する複数の弾。～銃：散弾を発射できる構造を有する銃。＝ショットガン

ざんだん【残弾】 本来競技や狩猟期に消費しなかった弾の意味であるが、日本ゴム銃射撃協会の公式競技ではラウンド途中に1台に残っている自弾を指す。

したがけ【下掛け】 銃身の下側に輪ゴムを装填する方式。主に銃身の上面に照準装置を付けることを目的に採用される。弾道が下方偏向する為、的の上を狙うことになり、銃身で的が隠れるので照準装置の設定が難しい。＝ロアーローディング（Lower Loading）

しっちゅう【失中】 的や獲物に弾が命中しないこと。→命中

しゃげききじゅんせん【射撃基準線】 公式競技で競技中の銃、射手の身体などが超えてはならない線。

しゃげきたいかい【射撃大会】 公式競技で手腕を競う集まり。順位を決め賞状、賞品などを用意する場合に大会と称する。

しゃじょう【射場】(Shooting Range) 規定の距離的などを備えた射撃設備。部屋全体を射撃場と言うのと種目別のコーナーを区別する場合に用いることが多い。

しゅーてぃんぐらいん【シューティングライン】(Shooting Line) ＝射撃基準線＝データムライン（Datam Line）

じゅうしょう【銃床】 主に長い銃の安定した保持の為の肩当て。＝ストック（Stock）

じゅうは【銃把】 ―グリップ（Grip）各部の名称参照。

しゅんかんかいほうしき【瞬間解放式】(Flash Release) トリガーを引くことで支点が外れ一挙に解放する機構。正確なリリースと軽いトリガーの構造は精密な射撃に向いており、競技銃に多く採用されている。

じょー【ジョー】(Jaw) 銃身先端のホールドグループ下の突出部。＝顎。各部の名称参照。

しょうじゅん【照準】 輪ゴムが命中するように、標的に狙いを合わせること。

しょうじゅんき【照準器】 ＝サイト。

じゅうしょう【銃床】 ＝ストック。

しょうせい【照星】 主に銃身先端に取り付ける突起状または板状の照準装置。多くは照門と組み合わせて狙いを定めるが、中間照星と重ねて狙う型式もある。ゴム銃においては弾道に影響がある為、省く事が多い。＝フロントサイト。

しょうもん【照門】 主に銃身後端やメインフレーム後端に取り付けるM時型、または凹型の照準装置。照星と組み合わせて狙いを定める。＝リアサイト。

すぎ【杉】 ゴム銃の素材として使われる木材。木目に沿って割れ易く、反りや縮みもあるので細部には使いにくい。

すこーぷ【スコープ】(Scope) レンズを組み合わせて望遠効果を伴った照準装置。内部に十字形や針状のレティクルという基準線が設けてある。＝光学照準器。

すとっく【ストック】(Stock) 照準の安定や発射の衝撃吸収の為にグリップ後方に伸びた肩当て。ゴム銃では衝撃吸収の必要性がない為、専ら照準の安定の為とアクセサリーとして取り付けられる。＝銃床。

すとりんぐりりーす【ストリングリリース】(String Release) 日本ゴム銃射撃協会理事兼大阪府支部長、小川勇二氏が開発した発射方式。紐をリリーサとして強制的にホールドグループから輪ゴムを外す構造。複数の銃身とホールドグループ並べる事で高速で弾幕を張る事が可能。

せいひょうてき【静標的】 動かない標的。公式競技ではマッチボックス、フライシュートが該当。→動標的

せふてぃーきゃっち【セフティーキャッチ】(Safety Catch) ＝安全装置。

ぜんこう【全高】 銃身と垂直な方向で計った銃の高さ。各部の名称参照。

ぜんちょう【全長】 銃身と水平な方向で計った銃の長さ。各部の名称参照。

ぜんぷく【全幅】 銃の厚み。

そうだん【装弾】 弾＝ブレット（Bullet）、輪ゴム。弾の装填。～数：銃に装填できる弾の数。～ミス：装填に失敗し暴発や射撃不能となること。

そーぶれーど【ソーブレード】(Saw Blade) 強制滑射機構を連続させたもので、ホールドフックが射撃方向に一列に並んだ構造。ホールド部が鋸の歯のようなので付いた名称。銃身後方に固定のリリーサ部があり、ホールドプレートが前進してフレームに収納されてゆく固定リリーサ式と、傾斜したリリーサが後退しながら複数並んだホールドフックから輪ゴムをリリースする可動リリーサ式とがある。後者を特にソーブレード＆シャークフィンと呼ぶことがある。

189

―――た―――

ただんほーるどしき【多段ホールド式】　ホールドフックを階段状に加工したり、幅広いホールドフックに複数のホールド部を設ける簡単な連発機構。

だんどう【弾道】　発射された弾丸の描く軌跡。一般の銃器では放物線を描くが、ゴム銃では発射時、飛行中の輪ゴムの形状の変化とそれに伴う空気抵抗で安定していないとされている。

たんぱつじゅう【単発銃】　輪ゴムの装填が1本のみの構造の銃。競技用の主流。→連発銃

ちょうだん【跳弾】　壁面、地面、紙面、樹木などに跳ね返った弾。思わぬ事故に繋がる事がある。

でーたむらいんげーじ【データラインゲージ】(Datam Line Gauge)　射撃基準線を示すポールや板状の器具。

どうひょうてき【動標的】　動く標的。公式競技ではコインペンダムが該当。→静標的

とりがー【トリガー】(Trigger)　＝引き金。～ガード（～guard）＝用心鉄。各部の名称参照。

―――な―――

にほんごむじゅうしゃげききょうかい【日本ゴム銃射撃協会】　2000年に設立された全国に支部を持つ非営利のゴム銃射撃愛好家の任意団体。公式競技規定に沿って全国で射撃競技が盛ん。～規約：2000年12月1日に制定された同協会の規約。～認定種目：マッチボックス、フライシュート、コインペンダムの3種目。

のーず【ノーズ】(Nose)　銃身の先端でホールドグループの上部の突出部。各部の名称参照。

―――は―――

はいきょうしき【排莢式】　発射装置の一部に薬莢風の部品を組み込み、輪ゴムの発射と同時に排出する仕組み。必然性、合理性はなく、専らアクションを楽しむことを目的としている。

ばれる【バレル】(Barrel)　＝銃身。各部の名称参照。

ばんどそー【バンドソー】(Band Saw)　ベルト状の柔軟な歯が回転する電動鋸。電動糸鋸の往復動作と比して一方向に歯が動くので被切断物が安定している。

ひのき【桧／檜】　ゴム銃の素材によく使われる木材。針葉樹の中ではきめが細かく木肌も美しい。木目に沿って割れ易いので細部の可動部品には向かない。

ひらがけ【平掛け】　ゴム銃の輪ゴムの掛け方の一法。左右のテンションを均等に掛ける一般的な掛け方。→片掛け

ひょうてき【標的】(Target)　的。公式競技にはA号、G号、F号があり、それぞれ寸法や重量、素材等が決められている。～射撃：主に狩猟との対比での撃ちの呼称。

ふぉあぐりっぷ【フォアグリップ】(Forward Grip)　トリガー前方で銃の保持をする部分。＝先台。各部の名称参照。

ふらいしゅーと【フライシュート】(Fly Shoot)　日本ゴム銃射撃協会公式競技の一種目。非常に小さな静標的を1メートルの距離で撃つ。フライハンティングの練習が起源。〈略称 FC〉

ふらいはんてぃんぐ【フライハンティング】(Fly Hunting)　ハエ猟。ゴム銃狩猟では最も盛ん。

ふろんとさいと【フロントサイト】(Front Sight)　＝照星。

ふろんとふっく【フロントフック】(Front Hook)　＝ホールドグループ。

ふんたん【吻端】　＝ノーズ。各部の名称参照。

ほう【朴】　きめの細かい木材。柔らかく加工し易いが強度は高くない。色調が乳白色から緑がかった褐色でオイル仕上げでの発色は暗い。〈ホオ〉

ぼうはつ【暴発】　射手が発射の意図を持って操作した場合以外の発射。～事故：暴発させてしまうこと。更に暴発が原因の事故。

ほーるどぐるーぷ【ホールドグループ】(Hold Groove)　ゴム銃の銃身先端に刻まれたゴム弾を保持する為の溝、またはそれに変わる機構。＝装弾保持溝。各部の名称参照。

ほーるどふっく【ホールドフック】(Hold Hook)　グリップの上部あたりで輪ゴムを保持する為の部品。各部の名称参照。

ほんたい【本体】(Main Frame)　銃の機関部を内蔵する基幹部分。基礎匡体＝メインフレーム。各部の名称参照。

―――ま―――

まつ【松】　ゴム銃の素材として使われる木材。節や木目が影響し細部の加工がし辛いが、木目を活かしたグリップなどでは味わいがある。

まっちぼっくす【マッチボックス】(Match Box)　日本ゴム銃射撃協会公式競技の一種目。静標的を1.6メートルの距離から撃つ。〈略称 MB〉

まと【的】　射撃競技やその練習で命中を確認する為の目標物。多くの標的射撃では、同心円を描いた紙の的（的紙）を用いるが、ゴム銃射撃では紙に貫徹痕を残すことが困難なので、命中により容易に倒れたり、移動したり、あるいは音の出るものを多用する。日本ゴム銃射撃協会公式競技では、3種目でそれぞれ異なった的を用いる。＝標的。ターゲット。～台：的を並べるテーブル。日本ゴム銃射撃協会公式競技、マッチボックスとフライシュートでは高さ70センチメートルと規定されている。

まもう【磨耗】　長期の使用や部分的負担で部品が擦り減る事。暴発事故の原因となる事が多い。

まるのこばん【丸鋸盤】　回転する円形の刃を持つ電動工具。直進性が良い。

めいちゅう【命中】　弾が的や獲物に当ること。公式競技では的が転倒、移動せず僅かに触っただけでも命中とみなす。→失中

めいんふれーむ【メインフレーム】(Main Frame)　基礎匡体＝本体。各部の名称参照。

―――や―――

やさき【矢先】　弾丸の飛翔方向または到達点。不確認による事故が少なくない。

ゆうこうしゃてい【有効射程】　弾丸の到達距離の内、期待する命中率、衝撃力を有する距離。一般に最大到達距離より遥かに短い。

ようじんてつ【用心鉄】　引き金を被い、不慮の撃発を防ぎ、引き金の保護をする部品。用心金（ようじんがね）。＝トリガーガード。各部の名称参照。

よこがけ【横掛け】　銃身またはフレームの側面に輪ゴムを装填する構造。平掛けで発射された輪ゴムが、その回転により飛翔中に90度ねじれる性質を活かし、着弾点で水平の輪になることを狙ったもの。～銃：横掛けを採用した銃。コインペンダム専用銃に採用が多く、短めの銃身と

組み合わせて使われるのが一般的。通常、右利きでは左側面、左利きは右面にホールドフックを設けるが、両用や切替式もある。＝サイドローディング（Side Loading）

──── ら ────

りあさいと【リアサイト】(Rear Sight)　＝照門。

りあふっく【リアフック】(Rear Hook)　＝ホールドフック。

りばーしぶるじゅうしん【リバーシブル銃身】　両端にホールドグループを持った銃身を支点を軸に回すことで、銃身の前後を入れ替えられる仕組み。携帯性、種目別、獲物、使用する輪ゴムの種別などを考慮して多目的化してある。

るーたー【ルーター】(Router)　モーターで駆動する小型の研磨機。ビット（刃先）を変える事で、細部の切断、研磨、彫刻など多様に使える。

れーざーさいと【レーザーサイト】(Laser Sight)　レーザー光線を使った照準装置。銃身内部や、銃身と平行するステーなどに取り付けた装置から照射するレーザー光線により、照準を合わせる照準器。＝光線照準器。

ればーあくしょん【レバーアクション】(Lever Action)　連発銃で次弾の装填をレバーの操作で行うもの。機構によっては発射操作も一連のレバー操作で兼ねる。

れんぱつじゅう【連発銃】　複数の輪ゴムを装填でき、トリガーを引くたびに1発ずつ発射できる銃。→単発銃

ろあーろーでぃんぐ【ロアーローディング】(Lower Loading)　＝下掛け。

──── わ ────

わりばし【割り箸】　木や竹を素材とし、手許附近を残して割ってある使い捨ての箸。使用に際しては自分で割る。ゴム銃の伝統的な素材として愛好されている。形状により小判、元禄、利休、天削、双生などの分類があり、一般に7寸、8寸、9寸が作られている。素材は竹、白樺、楊、白楊（アスペン）、杉、檜などが多い。～ゴム銃：割り箸を主材料に作られたゴム銃

あとがき

日本のゴム銃をご堪能頂けましたでしょうか。おそらく出版の時点でゴム銃ばかり二百数十挺も一堂に集めた本は世界的にも類を見ないものと思います。実銃においては、世界中で膨大な数の本が出回っている事でしょうし、日本に限っても幾つもの月刊誌さえありますが、ことゴム銃に関してはほとんど資料を目にしたことがありません。それと言うのもゴム銃が世界的に見てマイナーな存在だからでしょう。それでも日本では、ゴム銃を全く知らないと言う人は少ないのではないでしょうか。これにはいくつかの要因があると思います。まず拳銃の所持が許されておらず、代用品としてモデルガンやエアガンが成熟しているという環境に思い当たります。鉄砲のごっこ遊びの土壌があるということでしょう。次に、輪ゴムの優秀なメーカーと割り箸が存在したこともゴム銃の発生と無縁ではないと思います。そして日本人がとても器用で、もの作りが好きなことも忘れてはいけません。本書に収録した作品を見ても分かるように、日本では職人でも製造業勤務でもない一般人が比較的容易にゴム銃を作ってしまうので、日本にいるとそれほど不思議な事には感じませんが、どうやら世界的には珍妙なことのようです。

近年、この極めて日本的な趣味が盛り上がっている背景には、インターネットの普及があります。同好の士が互いの存在に気付き、情報交換やオフ会に相当する射撃大会などで交流する事により刺激し合って、急速にゴム銃を進化させてきました。この進化の過程やその結果を本書により少しでも多くの方にご感得頂ければ幸いです。

最後に本書編纂にあたって作品をご提供下さいました全国の日本ゴム銃射撃協会会員の皆様、ゴム銃と日本ゴム銃射撃協会に深いご理解を頂きました社会評論社とご担当の濱崎誉史朗氏、また、数千カットに及ぶすばらしい写真撮影をご担当頂きましたカメラマン、飯田祐介氏、卓越したセンスのレイアウトで作品の魅力を引き出して下さいましたグラフィックデザイナーの北村卓也氏、撮影の進行管理をご担当下さいました日本ゴム銃射撃協会江戸川区支部、鈴木直弥氏、ほか関係者の皆様に厚く御礼申し上げます。

平成22年10月吉日
日本ゴム銃射撃協会理事長
中村光児

日本ゴム銃射撃協会
Japan Rubber Band Gun Shooting Association

中村光児 なかむら こうじ

1959（昭和34）年、東京生まれ。東京都狛江市在住。大阪芸術大学映像計画学科卒業。会社員。2000年日本ゴム銃射撃協会設立。理事長兼東京都支部長。日本ゴム銃射撃協会公式ページを含むインターネットサイト、ゴム銃のページを運営。ゴム銃でテレビ・ラジオ出演、新聞、雑誌掲載多数。公園、ゴム銃製作教室、イベント参加も豊富。趣味、ゴム銃、釣り、狩猟、キャンプ。

http://www007.upp.so-net.ne.jp/jrbgsa/
hunter@ca2.so-net.ne.jp

撮 影

飯田祐介 いいだ ゆうすけ

1981（昭和56）年、神奈川県秦野市出身。都内在住。槇原進氏に師事。その後スタジオメッド入社。退社後、神子俊昭氏に師事。独立。雑誌、カタログ、CDジャケット、書籍等、多方面で活躍中。2007年NYでのIMTA世界大会フォトジェニック部門グランプリ受賞。趣味、音楽全般、ウクレレ、散歩、料理、読書。

http://po2.jpn.org/index.html

2011年3月1日初版第1刷発行

著者：中村光児
撮影：飯田祐介
撮影補助：鈴木直弥
デザイン：北村卓也（m.b.llc）
編集：濱崎誉史朗

発行所：株式会社社会評論社
〒113-0033 東京都文京区本郷2-3-10 お茶の水ビル
http://www.shahyo.com/
TEL：03-3814-3861　FAX：03-3818-2808

印刷＆製本：倉敷印刷株式会社

本書に掲載致しましたゴム銃は、著者並びに日本ゴム銃射撃協会会員の作品です。個人が楽しむために再現、模倣、参考にされるのは自由ですが、完成した作品をコンテストやメディアに発表される場合は、参考にした作品があることを明示してください。販売目的で製造される場合は、必ず作者の了解を得てください。図版、写真、文章の印刷物、インターネットサイト（個人サイト、ブログを含む）等への転載も同様です。

本書では、読み易くて美しい、株式会社モリサワの書体を採用しています。
リュウミン・ファミリー、ゴシックMB101ファミリー、中ゴシックBBB、見出ゴMB31
上記は株式会社モリサワの登録商標または商標です。